"十四五"时期国家重点出版物出版专项规划项目

深中通道建设关键技术丛书

广东省重点领域研发计划项目（2019B111105002）

先铺法沉管隧道基床整平及清淤关键技术和装备

宋神友　潘　伟　陈伟乐　李一勇　吴凤亮　岳远征◎著

人民交通出版社股份有限公司

北　京

内容提要

全书共分为5章：第1章为绪论，介绍了我国沉管技术的发展情况，随着沉管建设向外海大水深方向发展，先铺法施工得到了广泛应用；第2章为沉管地基与基础，介绍了基槽开挖、地基处理、块石基床振密等工序；第3章为碎石整平技术与装备，简要说明了国内外整平技术，并对整平装备和整平工艺进行介绍；第4章为回淤物特性研究，介绍了国内外针对回淤物的回淤沉积特性、流变特性和挤压特性的相关研究，并进行回淤物理论分析和模型试验，探讨回淤物与清淤标准的关系；第5章为清淤技术与装备，介绍了回淤检测、清淤设备、清淤工艺和减淤措施。

本书可作为沉管隧道施工技术人员的参考书。

图书在版编目(CIP)数据

先铺法沉管隧道基床整平及清淤关键技术和装备 / 宋神友等著. — 北京：人民交通出版社股份有限公司，2023.7

ISBN 978-7-114-18680-6

Ⅰ.①先… Ⅱ.①宋… Ⅲ.①沉管隧道—隧道施工—研究 Ⅳ.①U459.9

中国国家版本馆 CIP 数据核字(2023)第 045072 号

Xianpufa Chenguan Suidao Jichuang Zhengping ji Qingyu Guanjian Jishu he Zhuangbei

书　　名：	先铺法沉管隧道基床整平及清淤关键技术和装备
著 作 者：	宋神友　潘　伟　陈伟乐　李一勇　吴凤亮　岳远征
责任编辑：	齐黄柏盈
责任校对：	孙国靖　刘　璇
责任印制：	刘高彤
出版发行：	人民交通出版社股份有限公司
地　　址：	(100011)北京市朝阳区安定门外外馆斜街 3 号
网　　址：	http://www.ccpcl.com.cn
销售电话：	(010)59757973
总 经 销：	人民交通出版社股份有限公司发行部
经　　销：	各地新华书店
印　　刷：	北京交通印务有限公司
开　　本：	787×1092　1/16
印　　张：	9
字　　数：	182 千
版　　次：	2023 年 7 月　第 1 版
印　　次：	2023 年 7 月　第 1 次印刷
书　　号：	ISBN 978-7-114-18680-6
定　　价：	48.00 元

(有印刷、装订质量问题的图书，由本公司负责调换)

丛书编审委员会

总 顾 问：周 伟　周荣峰　王 太　贾绍明
主 　 任：邓小华　黄成造
副 主 任：职雨风　吴玉刚　王康臣
执行主编：陈伟乐　宋神友
副 主 编：刘加平　樊健生　徐国平　代希华　潘 伟　吕卫清
　　　　　吴建成　范传斌　钟辉虹　陈 越　刘亚平　熊建波
专家组成员：
　　综合组：
　　　　周 伟　贾绍明　周荣峰　王 太　黄成造　何镜堂
　　　　郑健龙　陈毕伍　李 为　苏权科　职雨风　曹晓峰
　　桥梁工程组：
　　　　凤懋润　周海涛　秦顺全　张喜刚　张劲泉　邵长宇
　　　　陈冠雄　黄建跃　史永吉　葛耀君　贺拴海　沈锐利
　　　　吉 林　张 鸿　李军平　胡广瑞　钟显奇
　　岛隧工程组：
　　　　徐 光　钱七虎　缪昌文　聂建国　陈湘生　林 鸣
　　　　朱合华　陈韶章　王汝凯　蒋树屏　范期锦　吴建成
　　　　刘千伟　吴 澎　谢永利　白 云
　　建设管理组：
　　　　李 斌　刘永忠　王 璜　王安福　黎 侃　胡利平
　　　　罗 琪　孙家伟　苏志东　代希华　杨 阳　王啟铜
　　　　崔 岗　马二顺

本书编写组

组　　长： 宋神友　潘　伟　陈伟乐　李一勇　吴凤亮　岳远征

参与人员（以姓氏笔画排序）：

中交第一航务工程局有限公司

王　强　宁进进　刘亚平

深中通道管理中心

刘　迪　刘　健　许晴爽　芮伟国　张长亮　陈　越
金文良　姜　凡　夏丰勇　黄晓初　彭英俊

中交天津港湾工程研究院有限公司

刘文彬　洪兆徽　黄明汉　寇晓强

中交一航局第二工程有限公司

马得森　王利江　朱　岭　任　宁　张　超　张建军
周相荣　郑秀磊　管泽旭　鞠　鹏　魏红波

序　言

近年来，伴随着环保、景观、通航、路网衔接等方面要求的提高，以及技术与装备的不断突破，我国水下交通隧道建设进入快速发展阶段，跨江(河)越海隧道迎来建设高潮，众多水下交通隧道在构建方便快捷高效的区域综合交通网络中发挥着积极作用。沉管隧道具有横断面利用率高、埋深浅、与两岸连接灵活、易于保证施工质量等特点，已成为现阶段跨江(河)越海通道的重要建设方案之一。

我国于20世纪70年代开始使用沉管法进行水工隧洞的建设。进入21世纪后，国内沉管隧道建设发展势头加快，仅在珠江口就先后开工建设了港珠澳大桥海底隧道和深中通道海底隧道两条世界级沉管隧道工程。港珠澳大桥海底隧道的建成，代表了我国在钢筋混凝土沉管隧道领域的建造水平实现了由跟跑到国际一流的跨越，但隧道在建设过程中也饱受回淤等问题的影响。深中通道沉管隧道工程考虑到珠江口大径流、大回淤环境的影响，在充分吸收港珠澳大桥海底隧道成功建设经验的基础上，于沉管基床快速整平和清淤领域做了大量的探索和技术革新。

本书内容依托广东省重点领域研发计划"复杂海洋环境下钢壳混凝土沉管隧道建设关键技术"的课题9"珠江口大回淤条件下沉管隧道自升式碎石整平、清淤关键技术及装备"的研究成果。研究团队历时5年，围绕先铺法沉管隧道基床整平及清淤问题，开展了全面系统的研究，提出了沉管隧道基床整平及清淤方面的关键技术，并且研制了能够实现高效整平和清淤的机械装备，攻克了大量技术难题，为沉管施工"提质增效"提供了关键技术支撑。

本书是深中通道沉管隧道基床整平及清淤领域取得的创新成果凝练，相信本书的出版将对推动我国沉管隧道技术进步和产业发展产生重要影响，可为类似工程建设人员和行业技术人员提供重要参考。

交通运输部原总工程师
2023 年 5 月

前　言

外海沉管隧道基础设计一般优先考虑采用先铺法基床形式。该方法适用复杂水域环境，施工范围大，施工精度高，工期有保证。但先铺法也存在两大难题，一是整平精度控制，二是回淤控制。高效精准地在深水条件下进行碎石基床整平是先铺法沉管基础施工的关键。

深中通道沉管隧道是继港珠澳大桥之后又一采用先铺法的跨海大型沉管隧道工程。该工程处于珠江口东四口门水域，沉管隧道基础施工面临珠江口大径流、大回淤条件下快速高精度铺设技术难题。在深中通道工程施工中，充分考虑了先铺法施工中的两项技术难题，提出了先铺法沉管隧道基床整平及清淤关键技术，并且研制了集定位测量、石料输送、高精度铺设、质量检测于一体的碎石基床整平设备，研发出一次驻位铺设范围大、施工速度快、铺设精度高、具有桩腿快速拆接功能的平台式整平船。此外，还研制了高效清淤且不扰动已铺垫层的大型清淤装备，保障了沉管的安装工作顺利进行。

本书是根据广东省重点领域研发计划"复杂海洋环境下钢壳混凝土沉管隧道建设关键技术"（项目编号：2019B111105002）的课题9"珠江口大回淤条件下沉管隧道自升式碎石整平、清淤关键技术及装备"的研究成果编写而成。本书介绍了深中通道项目中沉管隧道基床整平和清淤的关键技术，以及相关设备的研发情况，有效地解决了沉管隧道在整平和回淤方面的问题，大大提高了施工效率。全书共分5章：第1章为绪论，介绍我国沉管技术的发展情况，随着沉管建设向外海大水深方向发展，先铺法施工得到了广泛的应用；第2章为沉管地基与基础，介绍基槽开挖、地基处理、块石基床振密等工序；第3章为碎石整平技术与装备，介绍国内外整平技术，并介绍整平装备和整平工艺；第4章为回淤物特性研究，介绍国内外针对回淤物的回淤沉积特性、流变特性和挤压特性的相关研究，并进行回淤物理论分析和模型试验，探讨回淤物与清淤标准的关系；第5章为清淤技术与装备，介绍回淤检测、清淤设备、清淤工艺和减淤措施。深中通道沉管隧道碎石基床铺设的研究成果，为我国外海沉管隧道在超宽、大回淤、复杂地层等条件下的碎石基床设计和施工积累了重要资料和经验，对推动我国沉管隧道建设技术进步具有重要意义。

本书编写单位有中交第一航务工程局有限公司、深中通道管理中心、中交天津港湾工程研究院有限公司等。

本书集聚了深中通道沉管隧道基础施工全体建设者的智慧，相信本书的出版将对复杂环境下外海沉管隧道建设提供重要参考，将为我国沉管隧道的进一步发展作出贡献。

由于时间仓促且水平有限，书中不妥之处望读者批评指正。

作　者
2023 年 5 月

目 录

第1章 绪论	1
第2章 沉管地基与基础	4
2.1 概述	4
2.2 基槽开挖	7
2.3 地基处理	17
2.4 块石基床振密	33
第3章 碎石整平技术与装备	36
3.1 概述	36
3.2 整平装备	39
3.3 整平工艺	46
第4章 回淤物特性研究	76
4.1 概述	76
4.2 理论分析研究	81
4.3 模型试验	95
4.4 沉管隧道基础清淤标准	102
第5章 清淤技术与装备	104
5.1 概述	104
5.2 回淤监测	104
5.3 清淤设备和工艺	108
5.4 减淤措施	124
参考文献	129

第1章 绪 论

随着现代科技与施工技术的发展,人们发现桥梁已不再是跨越江河、海峡的唯一选择,同时,水下隧道的优点逐渐凸显,在大多数情况下,水下隧道比桥梁更为优越。沉管隧道因具有工期短、地基要求低、线形控制灵活、与路网连接便捷等优点,已逐渐发展为水下隧道的首要选择。我国的沉管隧道技术起步较晚,对沉管法的理论研究开始于20世纪60年代,首先由香港引进了沉管隧道技术并进行开发研究。1972年8月,香港红磡海底隧道建成通车。1993年底,我国内地采用沉管法修建的第一条交通隧道——广州珠江隧道建成通车。该沉管隧道总宽33m,由5节管段组成,单节管段最长120m。随着经济发展,我国交通基础设施建设发展迅猛,一大批跨海大桥、越江隧道等重大跨海通道工程加快建设。

结合国内外沉管隧道基础施工方法的研究,从技术、经济、风险、工期等方面对沉管隧道基础处理方法进行综合比选后发现,先铺法具有可控性好、精度高、工期短、工效高的优点。2017年,世界上最长的公路沉管隧道——港珠澳大桥沉管隧道贯通。港珠澳大桥沉管隧道全长约5664m,是我国水下隧道建设史上的一座里程碑。港珠澳大桥沉管隧道的修建实现了国内沉管隧道各项关键技术的突破,并且,其首次采用了先铺法碎石整平基础工艺。先铺法的特点是垫层在管节沉放前施工完成。港珠澳大桥沉管隧道是国内首例采用先铺法施工的沉管隧道。在此之前,国内已建成的沉管隧道全部采用后填法施工,加之管节处于回淤环境下,对回淤控制方法缺少经验,面临诸多问题。在回淤控制方面,存在纳淤机理不清楚、回淤预报难度大、回淤监测精度不足和没有有效清淤方法等难题。沉管隧道先铺法基础主要涉及以下两项关键难题:

(1)整平精度控制:需要保证管段沉放后能够达到准确的设计高程和坡度。

(2)回淤控制:清除管底与基槽间的淤泥,以免使管段产生过大的浮力。若处理管段基础时间与管段沉放时间有较长间隔,可能会产生回淤现象,需要再次进行基础处理。

根据国内外沉管隧道基础施工的调研统计,采用先铺法施工的美国旧金山湾海底隧道、荷兰海姆斯普尔隧道、中国港珠澳大桥沉管隧道和中国大连湾海底隧道等工程,大多处于外海或运河环境,现场施工条件相对较差。本书以深中通道工程为例,介绍先铺法沉管隧道基床整平及清淤的关键技术,以及整平和清淤过程中使用的装备。

深中通道项目是世界级的"桥、岛、隧、地下互通"集群工程,是国家"十三五"重大工程和《珠江三角洲地区改革发展规划纲要(2008—2020年)》确定建设的重大交通基础设施项目,是连接广东自贸区三大片区、沟通珠三角"深莞惠"与"珠中江"两大功能组团的重要交通纽带,是粤东通往粤西乃至大西南的便捷通道。深中通道项目于2015年底获国家发展改革委批复许可,2016年12月28日开工建设。深中通道有望在2024年建成通车,通车后由深圳到中山只需30min,这将彻底改变粤西地区民众到深圳必经虎门大桥的历史,大大减轻虎门大桥长期拥堵的交通压力。深中两地同步进入半小时生活交通圈,促进粤港澳大湾区城市群在人文、物流、经济、文化等领域的快速发展和交通的互联互通。

深中通道地处珠江口核心区域,北距虎门大桥约30km,南距港珠澳大桥约38km;项目起于广深沿江高速公路机场互通立交,终于横门互通立交,主体工程全长约24.0km;路线起于深圳侧东人工岛,以约6.8km特长隧道下穿大铲水道、机场支航道、矾石水道,通过在中滩设置西人工岛实现隧桥转换,以特大跨径1666m悬索桥跨越伶仃西航道,泄洪区及浅滩区采用跨径110m及60m桥梁,横门东水道为跨径580m斜拉桥,马鞍岛陆域段采用普通跨径桥梁,如图1-1所示。项目采用设计速度100km/h的双向八车道高速公路技术标准建造。

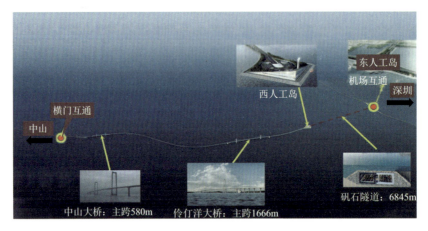

图1-1 深中通道位置示意图

深中通道沉管隧道长5035m,标准管节长度为165m,非标准管节长度为123.8m,最终接头设在E22、E23管节之间。标准管节横断面外包尺寸为46m×10.6m,排水量约为8万t。采用深层水泥搅拌(DCM)法进行沉管的软基部分处理,局部区段(E7~E13)地基需要凿岩处理,基槽粗挖和精挖后,进行二片石找平层抛填和先铺法碎石垫层基础铺设,管节采用钢壳混凝土新型结构,沉管浮运安装后采用碎石锁定回填、块石覆盖回填,如图1-2所示。

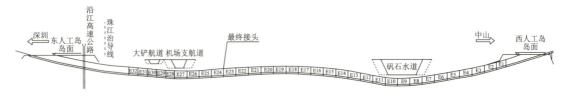

图1-2 沉管隧道基础全线纵断面图

深中通道沉管隧道是继港珠澳大桥之后又一采用先铺法的跨海大型沉管隧道工程。在深中通道工程施工中,充分考虑了先铺法施工中的两项技术难题,提出了先铺法沉管隧道基床整平及清淤关键技术,并且研制了集定位测量、石料输送、高精度铺设、质量检测于一体的碎石基床整平设备,研发出一次驻位铺设范围大、施工速度快、铺设精度高、具有桩腿快速拆接功能的平台式整平船。此外,还研制了高效清淤且不扰动已铺垫层的大型清淤设备,保障了沉管的安装工作顺利进行。

可以看到,随着跨海、越江工程的大规模建设,沉管隧道逐渐向长距离、大管节、外海大水深方向发展,外海复杂的气象水文条件、恶劣的施工环境,给长大管节外海施工造成了极大的困难,同时对沉管基础、碎石整平和清淤的工艺及设备提出了更高的要求。继港珠澳大桥开通之后,国内的沉管隧道工程开始了跨越式发展,以深中通道沉管隧道为代表的多条大型沉管隧道工程正处在建设阶段。可以预见,海底沉管隧道建设技术将在我国的跨海交通工程中得到更加广泛的应用。

第 2 章　沉管地基与基础

2.1　概　　述

沉管隧道基槽开挖后槽底与管段底面间存在众多不规则空隙,如果不加以处理,可能导致地基土受力不均,引起不均匀沉降。沉管基础处理主要是解决:①基槽开挖作业所造成的槽底不平整问题;②地基土特别软弱或软硬不均等问题;③施工期间基槽回淤等问题。进行沉管隧道基础设计时,若天然地基的承载力和沉降大小符合沉管结构的受力要求,应优先选用天然地基和基础垫层的基础形式,该形式分为先铺法(先铺碎石层)和后铺法(喷砂法、压砂法与压浆法),其中先铺法和后铺法的区分在于垫层施工是在管节沉放前还是管节沉放后完成。

先铺法和后铺法主要有以下几种基础形式:

(1)先铺碎石基础。

先铺碎石基础是采用一个固定在指定位置上的简单开口钢箱来实现的,一边沿隧道轴线方向移动钢箱,一边向箱内补充碎石,形成隧道基础垫层。它是最早使用的沉管基础方式,早期美国修建的沉管隧道,不论规模大小,均采用这种方式。对于基础宽度较大的隧道,使用这种方法时,需要将钢箱的规模与牵引力设计得很大,经济性差。在 20 个世纪末的厄勒海峡隧道建设期间,承包商首次将全覆盖满铺碎石垫层更改为垄沟相间的碎石基础垫层形式,取得了良好的工程效果。图 2-1 给出了垄沟相间的先铺碎石基础垫层形式示意图。

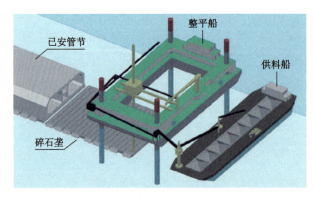

图 2-1　垄沟相间的先铺碎石基础垫层形式示意图

(2)喷砂基础。

喷砂即是用砂泵把砂水混合填料通过管节外部管道喷入沉管管段底部和基槽之间的空隙

中。喷砂前,管节放在临时支座上,喷砂结束后可卸开支座上的千斤顶,从而使管节重量全部作用到砂垫层基础上,如图2-2所示。喷砂基础可用于宽度较大的沉管隧道,在早期欧洲修建的多座沉管隧道中应用,如德国的易北河(Elbe River)隧道、比利时的斯凯尔特(Scheldt)E3隧道、荷兰的斯派克尼瑟(Spijkenisse)隧道。

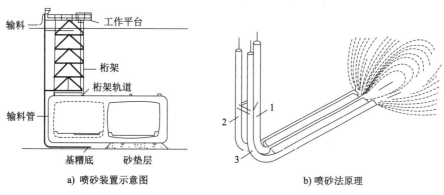

a) 喷砂装置示意图 b) 喷砂法原理

图2-2 喷砂基础示意图

1-喷管;2-吸管;3-吸管

(3) 压砂基础。

压砂基础也称砂流基础或灌砂基础,是在喷砂基础上发展起来的一种新方法。它依靠水流作用将砂通过预埋在管段底板(竖向或横向)上的注料孔注入管段与基底间的空隙,既可在管节外部施工,也可在管节内充填,如图2-3所示。压砂法不需要专门的喷砂台架,对砂的粒径要求也较低,因此,从20世纪70年代后期起,压砂基础逐渐在世界各国的沉管隧道中得到应用,如荷兰的荷兰湖(Vlake)隧道,澳大利亚的悉尼港海底隧道,我国的广州珠江沉管隧道、上海外环越江隧道、台湾高雄港过港隧道等。

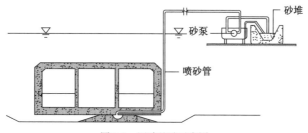

图2-3 压砂基础示意图

(4) 压浆基础。

压浆基础是在管段沉放到位后,沿管段边墙及后封端墙边抛堆砂石混合料,封闭管底空间,形成隧道基础垫层。管段沉放后,从管段里面通过预埋在管段底板上的压浆孔向管底空隙压注混合砂浆,充填管段底部与碎石垫层间的空隙,如图2-4所示。此法在日本应用广泛,如东京港隧道的中间区段、川崎隧道等,可避免强震区中常规砂基础的液化问题。

图 2-4 压浆基础示意图

根据对国内外已建和在建沉管隧道的调查研究,采用先铺碎石层的先铺法或喷砂、压砂、压浆等后铺法,均可解决地基土受力不均问题。欧洲传统上习惯采用喷砂法和压砂法,美国大多数采用先铺法,压浆法则是日本使用最多,我国广州珠江沉管隧道和上海外环越江隧道采用压砂法,宁波甬江隧道采用压浆法,宁波常洪隧道则采用桩基囊袋法。随着跨海、越江工程的大规模建设,沉管隧道逐渐向长距离、大管节、外海大水深方向发展,港珠澳大桥沉管隧道、大连湾海底隧道和深中通道沉管隧道工程先后采用先铺法碎石垫层基础。表 2-1 列举了世界上已建成或正在建设中的部分沉管隧道沉管尺寸和基础形式。

世界上已建成或正在建设中的部分沉管隧道沉管尺寸和基础形式　　　表 2-1

工程案例	沉管长度(m)	沉管宽度(m)	基础形式
荷兰湖隧道	250	29.8	压砂法
德国易北河隧道	1056	41.7	喷砂法
日本东京港隧道	1035	37.4	桩基础、压浆基础
荷兰海姆斯普尔隧道	1475	21.5	压砂法
中国台湾高雄港过港隧道	720	24.4	压砂法
中国广州珠江沉管隧道	457	33	压砂法
中国宁波甬江隧道	419.6	11.9	压砂法
澳大利亚悉尼港海底隧道	960	26.1	压砂法
中国香港西区海底隧道	1859	35	压砂法
厄勒海峡隧道	3520	38.8	碎石基础
中国宁波常洪隧道	395	22.8	桩基础
中国上海外环越江隧道	736	43	压砂法
韩国釜山—巨济沉管隧道	3240	26.5	碎石基础

续上表

工程案例	沉管长度(m)	沉管宽度(m)	基础形式
中国港珠澳大桥沉管隧道	5664	38	碎石基础
中国大连湾海底隧道	3035	33.4	碎石基础
中国深中通道沉管隧道	5035	46	碎石基础

注：沉管隧道桩基础是一种特殊的"先铺法"基础。

后铺法的主要优点是其高程便于调节，施工设备占用航道时间短，缺点是在地震时容易发生砂土液化使基础失去承载能力。对于处在外海离岸环境大水深、水流复杂、管节体量大的沉管隧道，若使用后铺法，需要对沉管两端进行临时支撑，而节段式管节在简支状态下受力较为不利，因此，海中沉管隧道优先选用先铺法垫层基础。通过比较，发现先铺法存在以下优点：

（1）通过专用设备施工，适用较大波浪、水流、水深等环境，施工效率高，工期有保证。

（2）专用设备施工能力强、施工范围大、施工精度高，能够有效保证沉管安装后的高程、线形和纵坡精度控制。

（3）可对基槽回淤情况、垫层铺设质量进行可视化检查，并具备一定的纳淤能力，碎石垫层质量可靠度高。管节沉放连接后能快速形成稳定管节。

先铺法沉管基础施工主要涉及基槽开挖、块石基床施工、碎石基床整平、清淤等工序。基槽精挖完成后进行组合基床施工，总体施工顺序为：块石抛填宽度达到一定范围，块石进行夯平，根据安装窗口适时开展碎石基床铺设。在块石抛填和碎石基床铺设前均要进行回淤监测。沉管基础施工顺序如图2-5所示。

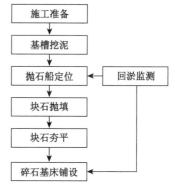

图 2-5 沉管基础施工顺序

2.2 基槽开挖

2.2.1 概述

沉管隧道基槽开挖施工，是隧道基础处理施工中的关键工序之一。深中通道沉管隧道全长5035m，标准段基槽底宽度为50.0m，最宽段基槽底宽度为59.46m，标准段与最宽段采用渐变方式处理，由50.0m按结构设计渐变至59.46m，底高程为-37.9~-12.8m。槽底高程因垫层厚度不同而发生突变处，采用不陡于1:10坡度的纵坡进行过渡。

隧道基槽设计断面复杂，基槽采用横向分级、纵向分段的方法，具体如下：基础边坡部分，基槽淤泥与淤泥质土层采用1:7坡度，黏土（含粉质黏土及夹砂层）、砂层及全风化岩坡度采用1:3；强风化、中风化岩层坡度采用1:1；基槽边坡部分，采用淤泥与淤泥质土层对南北边坡进行区分,南坡采用1:5的坡度;纵向设置了2.960%、2.627%、2.155%、1.741%、1.680%的多个坡度组合。基槽段纵断面如图2-6所示。

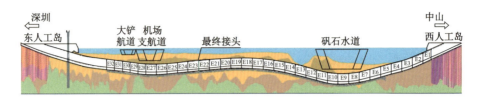

图2-6 深中通道沉管基槽段纵断面图

沉管隧道多处于深水、深厚软土地基的施工环境,周围水域多为海况复杂的海域,过往船舶数量大,具有管节长度长、水深大、管顶回淤厚、岛隧结合部受力和施工复杂、地基软弱且不均匀、沉降控制难等特点。对沉管隧道而言,差异沉降是造成沉管管段间漏水的关键因素,而差异沉降的控制与管段间剪力键、止水设施的设置以及剪力键的承载能力密切相关。为确保沉管隧道在设计使用寿命内安全运营,沉管隧道基槽开挖必须在适应较大挖深工况下实现精确开挖,从基础首道工序上消除产生不均匀沉降的可能,这对确保在约定工期内高质量完成深中通道工程建设起着至关重要的作用。

为确保沉管隧道基槽开挖质量满足高标准要求,基槽开挖采用了不同的施工工艺与设备,包括上层开挖(亦称粗挖)、槽底及边坡成型区精挖,其中槽底及边坡成型区精挖是指槽底及边坡设计线以上2~3m厚度泥层的精确开挖,除此之外皆为粗挖。基槽开挖断面示意图如图2-7所示。

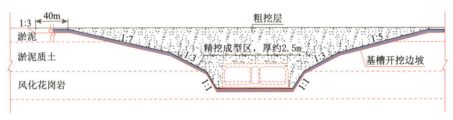

图2-7 基槽开挖断面示意图

2.2.2 基槽粗挖

1) 抓斗船粗挖施工工艺

施工船舶按垂直基槽轴线展布,并以基槽中心线为界分为南、北半槽,通过船位的前进、后退实施顶水施工,涨、退潮时段分别开挖南、北半槽,缓潮时段开挖边坡区域,如图2-8所示。

抓斗船采用分段、分层、分条施工,分段长度主要考虑船舶横移距离,一般为100~150m,分层按3~4m控制,分条主要考虑船舶宽度,一般取20m。抓斗船开挖边坡过程中,必须严格按照设计标准,按台阶齿状开挖,边坡开挖断面线与设计边坡基本一致,如图2-9所示。抓斗船粗挖施工流程如图2-10所示。

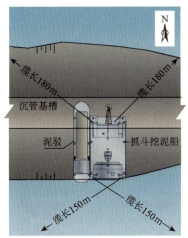
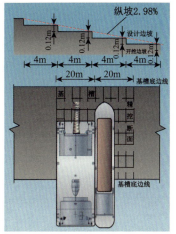

图 2-8 抓斗船船位布置示意图　　图 2-9 抓斗船基槽纵坡形成施工示意图

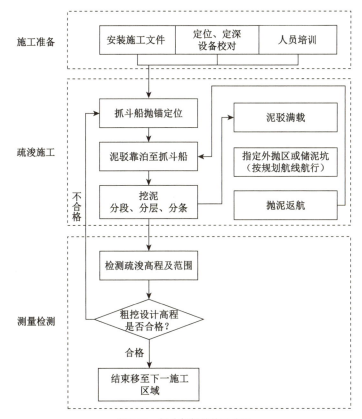

图 2-10 抓斗船粗挖施工流程

2) 耙吸船粗挖施工工艺

根据设计要求的开挖范围及高程，制作施工导航文件。槽中部分按 2～3m 层厚进行分层开挖。边坡区域应安排在缓流阶段开挖，以减少因流急而导致船体与耙头相对位置的改变，从而影响耙的计划走向，如图 2-11 所示。耙吸船开挖边坡过程中，利用船舶动力定位、动力跟踪

(DP/DT)功能,预先设定开挖线,船舶智能化系统根据风、流等外力因素自动控制各种动力设备,确保耙头始终沿设定开挖线施工。

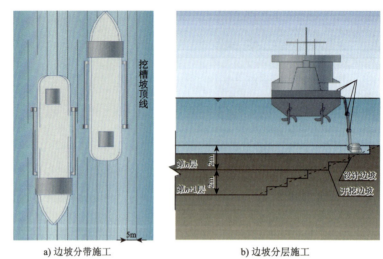

a) 边坡分带施工　　　　　b) 边坡分层施工

图 2-11　耙吸船分层、分带粗挖施工示意图

耙吸船在横流条件下作业,涨潮时段集中开挖北半部,退潮时段集中开挖南半部。特别是开挖基槽下层黏土层时,整个施工区航迹线应均匀布线,同步加深,避免出现垄沟现象。耙吸船粗挖施工流程如图 2-12 所示。

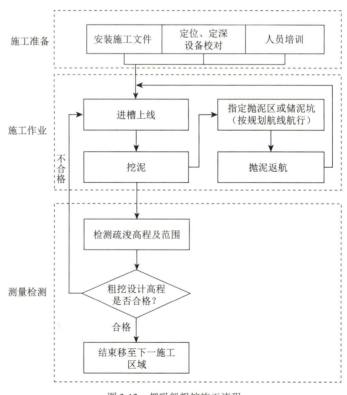

图 2-12　耙吸船粗挖施工流程

2.2.3 基槽精挖

1)抓斗船精挖施工工艺

沉管基槽精挖是指基槽设计断面线以上约2.5m厚黏土层的开挖。根据精挖的设计技术要求,采用具有定深、平挖功能的30m³抓斗船"金雄"轮进行施工。专用精挖抓斗船的研发,创新性地提出直接高程控制挖泥模式,有效地克服了外海无掩护条件下风浪流对抓斗船施工精度的严重影响;研制高精度抓斗船疏浚监控系统,具有可视、可控、可测、防超深功能;研制挖掘机液力变矩器控制系统,采用迭代拟合的原理,使大型抓斗船的开挖精度达到设计要求,如图2-13所示。

图2-13 技术升级改造后的精挖抓斗船

施工过程中,相比原挖泥控制系统,精确挖泥计算机测控系统增加了超深限制、综合偏差调整等功能,实现了抓斗船施工过程可视、可控、可测。此外,利用迭代拟合的原理,由系统自动控制提斗钢丝绳,控制抓斗动态沉放,实现整个闭斗过程的实际切削土体的轨迹曲线为一条水平波纹线,如图2-14所示。

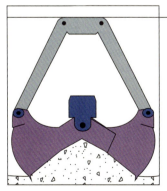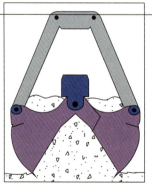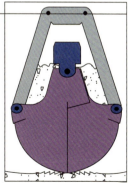

图2-14 抓斗精挖功能原理示意图

先铺法沉管隧道基床整平及清淤关键技术和装备

专用精挖船精挖施工流程如图 2-15 所示。

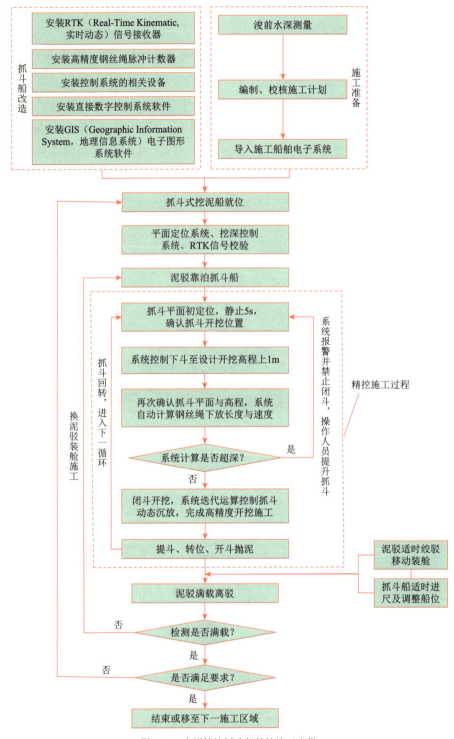

图 2-15　专用精挖抓斗船精挖施工流程

2）边坡开挖

边坡开挖主要是指基槽边坡成型区的精挖施工，主要采用具有定深、平挖功能抓斗船开挖。边坡开挖过程中，将计划开挖区域分为两个部分，并实施不同控制方法，其中，非成型区可采用常规疏浚方法，成型区采用定深开挖来控制超深，如图2-16所示。

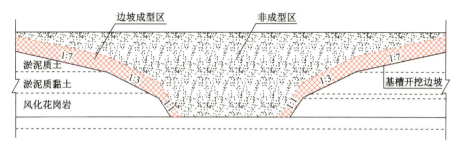

图2-16 抓斗船边坡精挖断面示意图

边坡成型区采用分段、分条、分层原则进行精挖。

（1）分段施工。

专用精挖船施工分段长度与船舶单次展布可覆盖施工范围有关，纵向长度为80~100m，施工中标准管节（165m）分两段进行开挖。

（2）分条施工。

每一段施工范围分为若干条进行施工，为达到基槽超深的设计要求，按不同纵向坡比划分各条长度。在施工过程中，为控制施工质量、防止漏挖，当分条宽度小于10m时，专用精挖船按条与条之间搭接宽度为1m重叠施工；当分条宽度大于10m时，专用精挖船按条与条之间搭接宽度为3m重叠施工，所有管节段与段之间搭接5m重叠覆盖施工。

（3）分层施工。

边坡成型区精挖层厚度为2m，分两层、每层厚度约1.0m进行施工控制。施工中为防止漏挖，第一层相邻斗之间按1/3斗长和斗宽重叠布斗施工，第二层相邻斗之间按1/2斗长和斗宽重叠布斗施工，如图2-17所示。

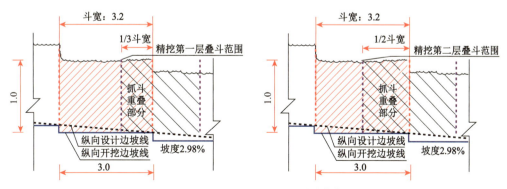

图2-17 纵坡段精挖叠斗示意图（尺寸单位：m）

3）槽底开挖

槽底开挖是指槽底设计线以上约 2.5m 厚度泥层的精确开挖，主要由具有定深、平挖功能的专用抓斗船完成。

相同管节槽底精挖紧接着边坡成型区精挖进行，同样按照分段、分条、分层原则进行开挖。分段、分层划分原则及长度与边坡成型区精挖相同。槽底精挖施工精挖层厚度为 2.5m，分三层进行开挖，三层分层厚度依次约为 1.0m、0.8m、0.7m，施工中第一、二层相邻斗之间在平行基槽方向与垂直基槽方向各按 1/3 重叠布斗施工，第三层相邻斗之间在平行基槽方向与垂直基槽方向各按 1/2 重叠布斗施工以防止漏挖，如图 2-18 所示。

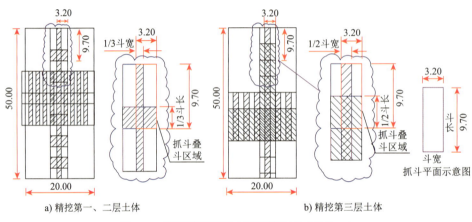

图 2-18　槽底精挖时抓斗布置示意图（尺寸单位：m）

2.2.4　技术要求

（1）隧道基槽开挖应分粗挖和精挖，粗挖部分为基槽底面以上约 2.5m 位置处至海床面之间部分，剩余部分进行精挖，应合理安排适当的挖泥船及工艺开展粗挖和精挖工作。

（2）基槽精挖层的施工应与基础抛填工序合理衔接，流水作业。水下基槽开挖后应及时开展后续作业，尽可能减少回淤。

（3）基槽开挖的平面坐标、高程、坡度等应符合设计要求，施工前应进行平面坐标和高程的校核。

（4）基槽开挖必须分层、分段进行，为确保边坡稳定，开挖区临近边坡面区域应加强管控，提高水下边坡的开挖成型质量。

（5）深槽段基槽开挖后应加强边坡维护性清淤工作，避免坡面累积淤泥滑塌。

（6）在基槽完成全部粗挖后、精挖分段交工验收前、槽底回填碎石前、管节沉放前等关键工序，应进行槽底回淤量测，并根据结果实施清淤。

（7）待管节沉放定位对接施工工艺确定后，如槽底需局部加宽以满足施工设备布置要求，根据实际情况进行补充调整。

(8)深槽段基槽边坡变坡点位置应结合深中通道主体工程施工图设计阶段工程地质勘察的地质分层确定,实际开挖过程中如遇地质情况与设计不符,应及时向设计方反馈,设计方根据现场实际情况调整优化设计方案。

(9)基槽开挖期间,应以业主提供的深中通道桥轴线两侧水下障碍物扫海调查为基础,做好施工区内障碍物、管线等的保护工作。

(10)基槽的疏浚弃土必须倾倒在海洋部门审批的指定区域内。

(11)基槽挖泥应采用精确可靠的测量定位系统,如实时动态DGPS(Differential Global Positioning System,差分全球定位系统),严格控制基槽开挖精度,满足验评标准要求。

(12)在基槽精挖分段交工验收、槽底回填碎石、管节沉放等关键工序前,应进行基槽边坡形态和槽底宽度、高程检测,并及时反馈。

(13)基槽精挖阶段应由地质工程师进行验槽,复核槽底地层与勘察设计阶段地层的一致性,并上报相关方进行确认后方可实施基础施工。

(14)基槽开挖施工应符合《深中通道工程环境影响报告》的环保要求。做好海上施工组织,施工过程中加强对船舶的检修,防止因运输过程中的泥沙流失而污染环境,运泥船的航行线路须经过海事海洋部门审批。

(15)其他未尽之处,参照现行行业规范、规程和标准执行。

2.2.5 验收标准

(1)沉管隧道基槽开挖具体验收标准见表2-2。

沉管隧道基槽开挖验收标准　　　　表2-2

序号	检查项目	允许偏差或要求	检查方法和频率
1	槽底轴线	每管节内槽底轴线平均允许偏差-50~+50cm,偏差范围介于-100~-50cm之间和+50~+100cm之间的断面数量比例不超过10%	多波束声呐系统探测、密度检测仪检测;每5~10m一个测试断面,每2~5m一个测点
2	基槽底高程(土层)	槽底高程正常允许偏差-60~+40cm,每管节内偏差范围介于-85~-60cm之间和+40~+65cm之间的测点数量比例不超过20%	
3	基槽底高程(岩层)	槽底高程正常允许偏差-50~+25cm,每管节内偏差范围介于-65~-50cm之间和+25~+40cm之间的测点数量比例不超过20%	
4	基槽边坡槽底	单边坡线-20~+250cm	
5	基槽边坡坡度或坡面超欠挖	不陡于设计坡度	

注:"+"表示向上或向外,"-"表示向下或向内;岩层不包括全风化岩。

(2)检验方法和数量等应符合《深中通道沉管隧道施工及质量验收标准》和《水运工程质量检验标准》(JTS 257—2008)中水下基槽开挖部分的规定。

2.2.6 案例

国际上对沉管隧道垄沟相间先铺碎石基础的研究和应用极少。20世纪末,在连接丹麦与瑞典的厄勒海峡沉管隧道建设期间,承包商首次将全覆盖满铺碎石垫层更改为垄沟相间的碎石基础垫层形式,取得了良好的工程应用效果。表2-3给出了厄勒海峡沉管隧道垫层设计参数,碎石垫层如图2-19所示。

厄勒海峡沉管隧道垫层设计参数　　　　　　表2-3

指标	垄宽 (cm)	沟宽 (cm)	单垄+沟宽度 (cm)	厚度 (cm)	管节接头间距 (cm)
取值	165	100	265	95	425

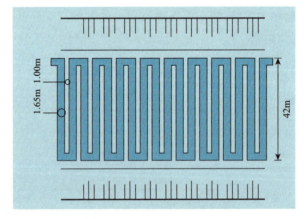

图2-19　厄勒海峡沉管隧道碎石垫层

厄勒海峡沉管隧道作为第一座采用带垄碎石层的沉管隧道,其显著特征为:

(1)隧道垫层下的原始地层为哥本哈根石灰岩。

(2)碎石垫层厚度为0.95m。

2010年底建成的韩国釜山—巨济沉管隧道是第一条在复合地基上设置带垄碎石层的沉管隧道,其显著特征为:

(1)隧道基础垫层下为SCP(挤密砂桩)或DCM的复合地基。

(2)在复合地基桩头上面应留有相对较厚的空间以调整复合地基顶面的不均匀性。

(3)碎石垫层用料应是坚硬、耐久、干净且无细屑的破碎岩石。

(4)无侧限抗压强度(Unconfined Compression Strength,UCS)>50MPa。

表2-4给出了韩国釜山—巨济沉管隧道垫层设计参数,其碎石垫层如图2-20所示。

韩国釜山—巨济沉管隧道垫层设计参数 表2-4

指标	垄宽(cm)	沟宽(cm)	单垄+沟宽度(cm)	厚度(cm)	管节接头间距(cm)
取值	180	80	260	150	400

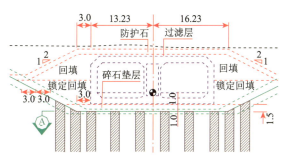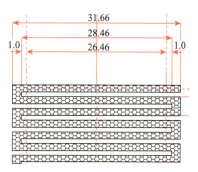

图2-20 韩国釜山—巨济沉管隧道碎石垫层(尺寸单位:m)

在国内,港珠澳大桥沉管隧道是第一座采用先铺碎石基础法的水下隧道。为了有效解决沉降过大及回淤等一系列问题,提出了先铺碎石垫层与块石夯平基层的新型组合基床结构。表2-5给出了港珠澳大桥沉管隧道垫层设计参数,其碎石垫层如图2-21所示。

港珠澳大桥沉管隧道垫层设计参数 表2-5

指标	垄宽(cm)	沟宽(cm)	单垄+沟宽度(cm)	厚度(cm)	管节接头间距(cm)
取值	180	105	285	130	435

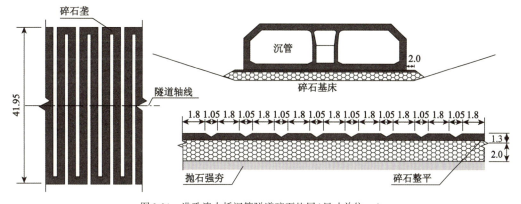

图2-21 港珠澳大桥沉管隧道碎石垫层(尺寸单位:m)

2.3 地基处理

2.3.1 地基处理形式

DCM方案在韩国釜山—巨济沉管隧道有成功应用案例,随着国产设备的开发和投入使用,以往限制国内该方案应用的造价高、设备缺乏等问题都得到了解决。该方案的施工流程为先加固后开挖,对复杂地质的适应性较好,无须堆载预压,施工工期短,可消除液化,抗震性能好,与岛上段隧道地基的刚度过渡比 SCP 好,是深中通道地基处理的首选方案,并得到了应用。

如表 2-6 所示,深中通道西人工岛斜坡段采用 DCM 复合地基进行软基处理配合块石振密的方案,中间段区域采用 DCM 短桩复合地基配合块石振密的工艺,其他区域采用块石换填夯平或天然岩基的处理方案,整体地基处理形式灵活,造价可控,沉降控制良好。

深中通道地基处理方案 表 2-6

区段划分	里程范围	管节范围	地基处理方案
深中通道西人工岛斜坡段	K12+013.0~K12+065.0	E1 管节西段 52.0m	1m 厚碎石垫层,夯平块石(局部 35cm 厚 C30 素混凝土),置换率 40% 的高压旋喷桩处理,高压旋喷复合土体的平均标准贯入击数不小于 20 击
	K11+993.0~K12+013.0	E1 管节中间段 20.0m	综合置换率 47.3%,单桩式 DCM 处理方案;DCM 桩的 60d 无侧限抗压强度为 1.6MPa;1.1~1.7m 夯平块石 +1m 厚碎石垫层
	K11+941.2~K11+993.0	E1 管节东段 51.8m	综合置换率 47.3%,单桩式 DCM 处理方案;DCM 桩的 60d 无侧限抗压强度为 1.6MPa;1.1m 厚振密块石 +1m 厚碎石垫层
	K11+719.2~K11+941.2	E2~E3 管节	综合置换率 47.4%,单桩式 DCM 处理方案;DCM 桩的 60d 无侧限抗压强度为 1.2MPa;1.1m 厚振密块石 +1m 厚碎石垫层
	K11+343.4~K11+719.2	E3~E5 管节	DCM 地基处理方案,桩纵向间距 3m、横向间距 3m、5m 的非等间距布置,综合置换率 41%;DCM 桩的 60d 无侧限抗压强度为 1.2MPa;1.1m 厚振密块石 +1m 厚碎石垫层
沉管中间段	K10+100.0~K11+343.4	E5~E13 管节	1m 厚碎石垫层(E6 管节局部 18.4m 增加 0.7m 厚碎石垫层铺设,E7 管节局部 80m 增加 0.7m 厚碎石垫层铺设)
	K9+880.0~K10+100.0	E13~E14 管节	2m 厚块石夯平层 +1m 厚碎石垫层
	K9+720.0~K9+880.0	E14~E15 管节	采用长 5.6m 的 DCM 桩处理,桩间距按 3m×4m 矩形布置,置换率 38.7%;1.1m 厚块石振密层 +1m 厚碎石垫层
	K9+350.0~K9+720.0	E15~E17 管节	2~3m 厚块石夯平层 +1m 厚碎石垫层
	K8+900.0~K9+350.0	E17~E20 管节	采用长 5.6m 的 DCM 桩处理,桩间距按 3m×4m 矩形布置,置换率 38.7%;1.1m 厚块石振密层 +1m 厚碎石垫层
	K8+634.0~K8+900.0	E20~E22 管节	2~3m 厚块石夯平层 +1m 厚碎石垫层
	K7+040.0~K8+634.0	E22~E32 管节	1.1m 厚块石振密层 +1m 厚碎石垫层
	K7+030.0~K7+040.0	E32 管节	0.35m 厚素混凝土 +0.5m 厚堰筑段传力带 +1m 厚碎石垫层

除了在深中通道沉管地基处理中采用了上述高压旋喷桩和深层水泥搅拌桩外,还有挤密砂桩、块石换填等技术。以上地基处理技术会在后面章节中一一介绍。

2.3.2 高压旋喷桩

1) 概述

深中通道西人工岛岛头区采用高压旋喷桩进行施工。高压旋喷桩,即用工程钻机钻孔至要求深度后,使用高压旋喷台车把安有水平喷嘴的注浆管下放到设计高程,利用高压设备使喷嘴以一定的压力把浆液喷射出去,高压射流冲击切割土体,使一定范围内的土体结构破坏,浆液与土体搅拌、混合、固化,随着注浆管的旋转和提升而形成圆柱形桩体,凝固后便在土体中形成圆柱体、有一定强度的固结体。该工艺起到止水与土体加固的作用。

高压旋喷桩的具体施工工艺如下:

(1) 测量人员对桩位进行精确放样。

(2) 进行低压试喷(喷射水和气),无异常后开始旋转下钻。

(3) 按照设计的水灰比称量后投入搅拌罐中搅拌制浆。

(4) 待钻杆钻进深度满足设计桩长深度后开始喷浆,首先原地旋转喷浆,待孔口正常返浆后,由下而上进行连续喷浆。

(5) 当提升旋喷至设计桩顶高程后停止喷浆,减小压力,加快提升速度,待钻杆拔出孔口后,对管道、后台进行清洗,随后进行下一根桩的施工。

高压旋喷桩工艺原理如图 2-22 所示。

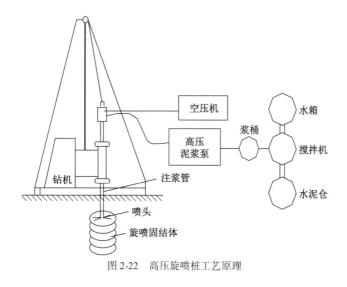

图 2-22 高压旋喷桩工艺原理

2) 范围

深中通道西人工岛斜坡段 E1 管节岛内段 40m 采用高压旋喷桩处埋,成桩直径 1m,中心间距 1.5m 梅花形布置,桩底不小于设计底高程并进入全风化花岗岩不小于 1.5m 或砂土状强风化岩 0.5m(全风化岩缺失段落)。其中,A 区桩顶高程为碎石底设计高程 -16 ~ -12.769m,桩底高程为 -38m;B 区桩顶高程为 -16m,桩底高程为 -37m。深中通道西人工岛陆上施工高压旋喷平面布置如图 2-23 所示。

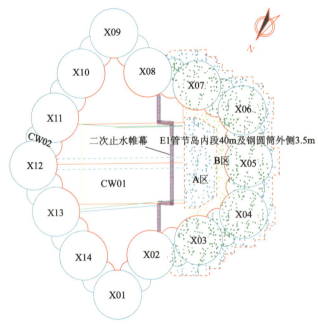

图 2-23　深中通道西人工岛陆上施工高压旋喷平面布置

3)技术要求

(1)高压旋喷桩要求采用强度等级不低于 P·O 42.5 的普通硅酸盐水泥,质量应符合《通用硅酸盐水泥》(GB 175—2007/XG2—2015)的规定。水泥在使用前应做专门质量鉴定。严禁使用过期、受潮、结块、变质的水泥。

(2)所用材料应具有质量合格证。材料检验按国家现行建筑材料相关规范的规定执行。

(3)搅拌水泥浆液所用的水应符合《混凝土用水标准》(JGJ 63—2006)的规定。

(4)水泥浆的水灰比为 0.8 ~ 1.5,最终通过现场试验确定。应采取必要的措施保持水泥浆液呈均匀状态。

(5)喷射施工所用的浆液存放的有效时间,应符合以下规定:

①当气温在 10℃以下时,不宜超过 5h;

②当气温在 10℃以上时,不宜超过 3h;

③浆液温度应保持在 5 ~ 40℃之间;

④当浆液存放时间超过有效时间时,应降低强度等级使用,必要时按废浆处理(加入缓凝剂的浆液,其有效时间不受此限制)。

(6)大面积施工前必须进行工艺性试桩,以确定最终施工参数。

①旋喷桩施工前应进行工艺性试桩,以达到以下目的:

a. 通过试验性施工确定注浆材料及其配比、施工工艺和施工参数;

b. 确定旋喷的有效直径、固结体物理力学性能;

c. 确定适宜的孔距。

②试桩数量:不少于6根。

③工艺性试桩一般要求:

工艺性试验应在正式施工前进行。通过试验查明施工效果是否能满足设计要求。若达不到设计要求,分析原因后进一步调整喷射参数或浆液配制,直到满足设计要求后,方能开展工程正式施工:

a. 通过试桩应取得适用于不同土层的各种施工参数;

b. 应确定能保证胶结料与加固软土喷射均匀性的工艺;

c. 掌握旋喷施工时的阻力情况,选择合理的技术措施;

d. 根据地层、地质情况确定复喷范围。

试桩完成不少于28d,在桩长及桩周土体范围内,进行标准贯入试验,确保复合土体的平均标准贯入击数不小于20击。

(7)高压喷射注浆的施工参数应根据土质条件、加固要求通过试验或根据工程经验确定,并在施工中严格加以控制。双管法高压水泥浆和三管法高压水的压力应大于20MPa。

(8)对于需要局部扩大加固范围或提高强度的部位,可采用复喷措施。

(9)未尽之处详见相关规范规程。

4)验收标准

(1)一般规定。

①主要指标设计值。

桩径:1000mm。

布置:桩间距1.5m正三角形布置,置换率40.3%。

水灰比:一般为0.8~1.5,具体通过试验确定。

②施工过程中,应对每道工序所完成的中间产品进行自检和验收,并做好隐蔽工程记录。

③高压旋喷桩的质量控制应贯穿施工的全过程,并应坚持全程施工监理。施工过程中必须随时检查施工记录和计量记录,并对照规定的施工工艺对每根桩进行质量评定。检查重点是水泥用量、桩长、压浆过程中的连续性、注浆管转速和提升速度、停浆处理方法等。

④检验点应布置在下列部位:有代表性的桩位;施工中出现异常情况的部位;地基情况复杂,可能对高压喷射注浆质量产生影响的部位。

⑤对于隧道结构下方高压旋喷防渗墙,其渗透性应通过压水试验测试,渗透性系数不大于5×10^{-6}cm/s。

(2)施工质量标准。

①桩身必须完整连续,桩径、深度、桩身强度必须符合设计要求;加固材料的品种、强度等

级、配比和外加剂掺量必须符合设计要求。

②旋喷桩施工质量应满足表 2-7 的规定。

旋喷桩允许偏差、检验数量和方法　　　　　　表 2-7

序号	项　　目	规定值或允许偏差	检查方法和频率
1	桩距	±50mm	检查施工记录
2	桩长	不小于设计值	检查施工记录
3	垂直度	小于1%	检查施工记录
4	单桩每延米喷浆量	不小于设计值和试验确定的值	检查施工记录
5	复合地基平均标准贯入击数	不小于 20 击	岛内及圆筒区各布置一组标准贯入试验检测

③施工质量检测应遵循现行的规范规程及有关法规。

④上述有关检验未提及之处应符合有关规范、规程的规定。

2.3.3　深层水泥搅拌桩

1）概述

DCM 是一种先进环保的软弱地基处理工艺。典型的 DCM 工艺处理过程是将 DCM 处理机贯入软弱土层并达到持力土层。在贯入和上拔过程中,处理机的搅拌轴将软弱土与喷入的水泥浆强制搅拌形成柱状水泥土。水泥土经过自然养护固化后形成具备一定强度和较小变形量的桩基基础,并与原土层形成复合地基,最终增强地基的承载能力,减小沉降变形量。

该工艺通过调整水泥的掺入量和牌号可获得需要的处理强度等级。整个处理环节采用机械操作,施工管理更加可靠而且软土原地固化,无海水污染和二次公害。施工管理采用成熟的工业自动化控制技术,依靠工程电脑、自动控制设备及各种传感器,通过软件编程,实现施工中的各种动态逻辑控制,确保成桩过程中施工参数的精确性,提高 DCM 桩体质量。水下 DCM 施工流程如图 2-24 所示。

水下 DCM 施工流程如下:

(1)施工准备。

开始作业前,操作手根据图纸及设计施工参数表,将施工控制参数输入相应表格中,施工管理系统将根据输入的控制参数实现既定的动作,完成 DCM 成桩作业。

(2)切土下贯。

所有准备工作结束后,选择半自动打桩,下贯切土为手动(根据电流值调整下贯速度和喷水量)。施工操作界面可以监控水下 DCM 成桩过程中的主要控制参数,操作处理机完成各种既定动作。

当 DCM 钻机旋转叶片进入海床之后,开启钻杆旋转,钻杆底部的旋转叶片旋转切割土层,降低土层的强度,利用钻杆自重下钻。当 DCM 处理机旋转叶片穿透进入桩端持力层,根据电流值的大小调整下贯速度和喷水量。

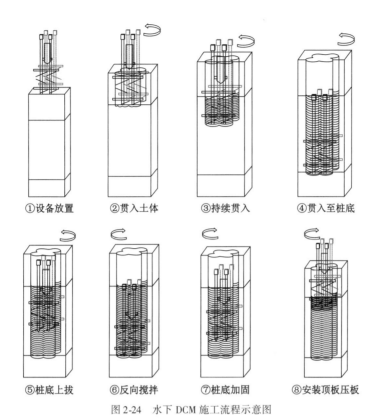

①设备放置　②贯入土体　③持续贯入　④贯入至桩底
⑤桩底上拔　⑥反向搅拌　⑦桩底加固　⑧安装顶板压板

图 2-24　水下 DCM 施工流程示意图

（3）喷浆成桩。

因底部喷浆口位于搅拌翼的下部，中心喷浆口位于搅拌翼的上部，为了保证喷浆的连续性及搅拌次数，拌合体 8m 以下位置使用下部喷浆口下贯喷浆，拌合体 8m 以上位置采用中心杆上拔喷浆，整个过程均为自动控制，需提前启动制浆系统。喷浆成桩的过程如下：

①下贯喷浆。钻杆上拔至设计位置前，需提前喷浆将管路中的水挤出，确保下贯过程中水泥浆稳定。根据管路的长度及流量，可计算挤水的时间。

②桩底加固。下贯喷浆完成后，管路及底部喷浆口存在大量泥浆，后续阶段使用中心杆上拔喷浆，此时底部喷浆口容易堵塞。下贯喷浆快到桩底时，启动底部喷水将管路中的浆挤至桩底并清洗下部喷浆口。

③上拔喷浆。上拔喷浆采用中心杆喷浆，此时管路中存在较多的水，需提前启动喷浆排出管路中的水，确保中心杆到达桩底设计位置的喷浆量稳定。

④数据处理。在成桩过程中，施工管理系统会自动记录各种施工数据，包括喷浆量、处理机运动速度、转速、电流值、喷浆压力等，作业结束后，导出数据，生成数据报表。

2）范围

深层水泥搅拌桩的范围为：E1～E5 管节沉管底部区域及两侧回填区域、E14～E15 管节、E17～E20 管节沉管底部区域。

3)技术要求

(1)施工偏差要求。

平面位置:±100mm。

竖向超高:不得超过300mm。

垂直平面:1/100。

稳定剂的总量测量:小于或等于3%。

水泥浆密度:±3%。

水泥浆流量:±10%。

搅拌叶片转速:±2r/min。

掘进和提升速率:±0.1m/min。

(2)DCM设备。

设备参数:四轴混合垂直轴旋转组,$\phi=1300$mm,$d=1000$mm。

单组面积:每一组DCM包括的重叠最小截面面积为$4.628m^2$。

工作时间:DCM平台允许24h连续运行。

垂直装备:安装测斜仪确认垂直度。

监测系统:主要监测内容包括制备水泥浆密度、用于水泥浆形成的稳定剂的量、水泥浆注入形成每立方米的DCM桩土体的量、搅拌轴的垂直度、垂直驱动和拉升速度(m/min)、转速(r/min)、叶片旋转数、驱动的电流值(A)、钻进驱动插入和撤出期间钻机位置深度。

工作能力:具备驱动DCM桩钻头达到贯入至全风化岩层顶的能力(或淤泥质土层直接过渡到风化岩层的情况,贯入全风化岩层或砂土状强风化岩层的深度要求大于或等于0.5m)。

搅拌叶片旋转数:每米长度搅拌叶片旋转数不小于450圈。

驱动速率:进入或退出速率应在0.3~1.0m/min之间。

水泥浆注入速度和压力:由海水稳定剂比、设计水泥剂量、相关叶片旋转数和驱动/搅拌的速率决定。

标准贯入试验:在完成DCM群桩7d后进行标准贯入试验同时取芯,验证DCM桩的顶底高程及相应的力学参数。

标准贯入试验结合取芯的频率:前100个DCM桩取20%,如果90%或更多的标准贯入试验结果显示DCM桩的顶底高程满足要求,则下一批100个DCM桩的取芯频率应减少到1%;如果少于90%的标准贯入试验结果满足这一标准,下一批100个DCM群桩取20%进行标准贯入试验,直到满足为止。具体实施过程为:先采用现场取芯法现场鉴别并确定桩顶高程,后连续取芯至桩底,进入桩端持力层1m进行标准贯入试验,确定桩端位置及持力层性质。

钻孔取芯:不小于100mm直径取芯样品,且样品取芯不得早于DCM桩施工后28d。

钻孔取芯频率:沉管底纵向每27.5m取芯1处(E1管节4处,其余管节每管节6处),回填区每$5000m^2$取芯1处。

芯样养护：明显标记并存储在温度为17～23℃、湿度为95%的养护室养护。

（3）水泥浆材料。

①水泥：普通硅酸盐水泥，应符合《通用硅酸盐水泥》（GB 175—2007/XG2—2015）要求，强度等级是P·O 52.5或P·O 42.5。

②水泥用量：采用P·O 52.5普通硅酸盐水泥，桩身无侧限抗压强度60d不小于1.6MPa时，水泥掺入量不小于320kg/m³；桩身无侧限抗压强度60d不小于1.2MPa时，水泥掺入量不小于280kg/m³。对于P·O 42.5普通硅酸盐水泥，需根据配合比试验和现场试桩确定达到设计要求的水泥掺量。

③粉煤灰水泥（PFA）：可在交付DCM驳船使用之前预先混合，应符合国家相关标准。

④海水：海水应在深度大于2m的水域取用，同时在每日07:00、15:00和23:00测量海面2m以下的温度。

⑤水灰比（W/C）：所有DCM桩水灰比范围是0.7～1。

⑥黏合剂（掺合料）：水泥黏合剂或者水泥、粉煤灰的黏合剂，应按相关规范要求取样。

⑦水泥浆：每一批水泥浆的密度由一个合适的设备进行测试，测试至少进行2次，记录测试数据并提交。

⑧未注明之处参照相关规范执行。

（4）冷缝处理。

咬合式DCM桩墙冷缝最长间隔时间不应超过3d。

（5）初步施工试验。

①应提高DCM施工的智能化水平，根据不同土层动态调整DCM的参数，以确定土体加固的均匀性，减少不均匀沉降量。

②初步施工试验包括取芯和DCM簇施工测试，以确定DCM钻机的技术参数。

③每次初步施工试验中，在3个位置取芯结合标准贯入试验。

④初步施工试验包括2组DCM桩和3组DCM桩墙，且至少有1组DCM桩墙咬合施工间隔时间应不少于24h。

（6）现场记录。

①每组DCM桩施工完成24h内，应向项目管理人提交初步完工现场施工记录。

②每条船应有现场人员上下船记录，并同步记录所有现场提出的问题和要求。

（7）强度要求。

①回填区及E1管节60d无侧限抗压强度平均值要求不小于1.6MPa，E2及其他管节60d无侧限抗压强度平均值要求不小于1.2MPa。

②桩身强度以钻孔取芯60d无侧限抗压强度试验结果为准，单桩所有芯样强度平均值≥1.6MPa（回填区及E1管节）和≥1.2MPa（E2及其他管节），变异系数不大于0.35。对于沉管底DCM桩，单桩取芯60d无侧限抗压强度≥1.04MPa（E1管节）和≥0.8MPa（E2及其他管

节)的点不少于90%;对于回填区DCM桩,单桩取芯60d无侧限抗压强度≥1.04MPa的点不少于90%。

③当钻孔取芯强度不满足第②条要求时,可在不满足的DCM钻孔的对角位置增加钻孔,取芯重做无侧限抗压强度试验,取两个钻孔取芯结果的平均值作为评判的依据。

④若其平均值仍然不满足第②条要求,应将检测结果报送监理、设计和业主,研究进一步的处理措施。

⑤当桩身强度出现第④条情况时,应加大钻孔取芯抽样比例,增加取芯的数量为强度不满足桩数的2倍,按照第②~④条标准检测桩身强度是否满足设计要求。

⑥桩身强度较小的点应符合随机分布特征,不应集中在某一土层中。除单桩强度要求外,应根据所有桩的检测结果分析不同土层的桩身强度。所有钻孔取芯孔在相同地层的桩身强度≥1.04MPa(回填区及E1管节)和≥0.8MPa(E2及其他管节)的点不少于90%。当按地层统计的桩身强度不满足本要求时,应研究进一步的处理措施。

4)验收标准

按照《水运工程质量检验标准》(JTS 257—2008)的规定,并参考香港国际机场第三跑道的施工验收标准,按表2-8进行检验。

水下DCM施工允许偏差、检验数量和方法　　表2-8

序号	项目	允许偏差(mm)	检验数量	单元测点	检验方法
1	顶部高程	0~+300	每10000m³拌合体抽查一处,每个单位工程不少于3个钻孔	1	检查钻孔取样记录
2	底部高程	±200		1	

为获得水泥拌和土的强度及变形模量特性,判断施工过程中材料及工艺的合理性,为后续施工提供支撑,不同施工阶段试验检测的主要内容见表2-9。

水下深层水泥搅拌桩施工允许偏差和检验方法　　表2-9

阶段	试验和检测项目名称	规定值或允许偏差	检查方法或频率
工前阶段	室内配合比试验	目标强度1.6MPa和1.2MPa	单轴抗压试验
试桩阶段	标准贯入试验确定持力层深度	≥2m(土) ≥0.5m(岩)	每桩均需检测
	钻孔取芯	取芯率≥80% 变异系数≤0.35	每根桩钻孔取两次样,60d一次,90d一次
	60d无侧限抗压强度试验	≥1.6MPa和1.2MPa	单轴抗压试验
施工阶段	桩位	±100mm	检查施工记录
	垂直度	小于1%	检查施工记录
	单桩每延米喷浆量	不小于设计值或试验确定的值	检查施工记录
	标准贯入试验结合取芯试验检测DCM桩	桩顶底高程不低于设计高程且误差小于0.5m	总桩数的1%

续上表

阶段	试验和检测项目名称	规定值或允许偏差	检查方法或频率
施工阶段	钻孔取芯	取芯率≥80% 变异系数≤0.35 沉管底保证率≥90% 回填区≥90%	沉管底纵向每27.5m取芯1处（E1管节4处，其余管节每管节6处），回填区每20000m³取芯1处
	60d 无侧限抗压强度试验	≥1.6MPa 和≥1.2MPa	单轴抗压试验
	振动取样	—	每15000m²取样1处，确定桩间土的界限含水率、天然含水率，并进行颗粒分析和化学成分分析
	钻孔径向加压法试验	变形模量≥100倍桩身强度	每5000m²开展1组

2.3.4 挤密砂桩

1）概述

水下挤密砂桩复合地基工法作为一种新型地基处理技术，以其可直接、快速、显著地提高软弱地基承载能力的独特优势，特别适合应用于外海筑港和人工岛建设。该工法是在砂桩船上通过振动设备和管腔增压装置把砂强制压入水下软弱地基中，经过振动拔管、回打、挤密扩径，形成挤密砂桩。挤密砂桩打设工艺流程如图2-25所示。

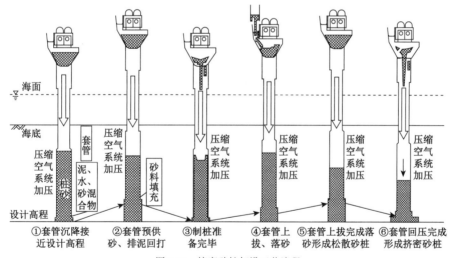

图 2-25 挤密砂桩打设工艺流程

从加固原理上看，通过挤密砂桩的置换、挤密、排水作用，增加地基强度，加快地基固结，减少结构物沉降，可有效提高地基的承载能力和抗液化能力。

在施工设备上，其将套管振动机全部集成于套管上部，利用套管及端部的环形管端振动回打使管外排出的松散砂桩进一步扩径密实，并通过集成开发供气及压力自动控制系统、供砂及自动计量系统与砂桩船专用GPS(Global Positioning System, 全球定位系统)等高集成化的自动控制装置,使得成桩工艺在施工过程中形成了全过程的自动化控制,从而进一步保证了砂桩的施工质量。整体施工按图 2-26 所示操作流程进行打设。

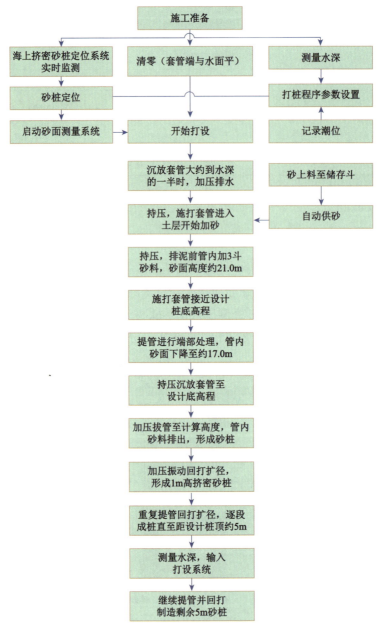

图 2-26 挤密砂桩打设操作流程

挤密砂桩打设主要工艺流程如下:
(1)采用砂桩船专用 GPS 测量系统进行桩机定位,下砂桩套管,入水后加压排水;
(2)振动下沉(必要时)套管进入土层一定深度,减压灌砂;
(3)加压及持压施打砂桩套管接近处理土层底高程;

(4)加压,上拔套管,排出管内泥柱,端部处理;

(5)灌砂、加压施打砂桩套管至处理土层底高程;

(6)加压,上拔套管,排砂形成一定高度砂柱;

(7)持压振动回打扩径,形成一段挤密砂桩;

(8)重复第(6)、(7)步进行循环,逐段形成整根挤密砂桩,完成后进行泥面测量。

考虑隆起土影响,砂桩打设顺序如下:砂桩船垂直于隧道中心线施工,首先打设靠近中心线位置砂桩,打设完成一排,向远离中心线方向移动打设下一排,直至打设完成最远一排砂桩,然后将砂桩船重新移至中心线处打设砂桩,如图 2-27 所示。

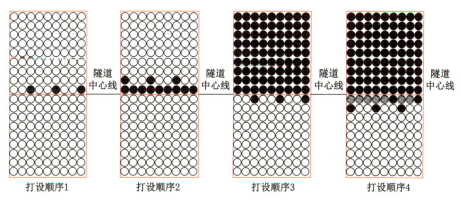

图 2-27 挤密砂桩打设顺序

挤密砂桩允许偏差和检验方法见表 2-10。

挤密砂桩允许偏差和检验方法 表 2-10

序号	项目	规定值或允许偏差	检查方法和频率
1	桩位水平偏差	±250mm	检查施工定位记录
2	套管竖直度	不大于1.5%	检查施工定位记录
3	桩顶高程	±500mm	检查施工记录
4	每段桩体的填料量及每根桩的填料总量	不小于设计值	检查施工记录
5	桩底高程	不大于设计底高程	检查施工记录

2)范围

深中通道西人工岛岛壁地基处理采用了挤密砂桩工艺,沉管段未采用挤密砂桩工艺。

3)技术要求

(1)砂桩的砂料采用中粗砂,含泥量不宜大于 3%,砂料中可混有少量(不超过 10%)粒径 5~20mm 的砾料。

(2)成桩试验。

①目的。

通过现场成桩试验检验设计要求和确定施工工艺及施工控制要求,包括填砂量、提升高度、挤压时间、桩底高程等。

②试桩数量。

在已有钻孔附近布置6根桩。

③成桩试验一般要求成桩试验区宜选在已有钻孔附近,通过已有地层信息,分析比较不同地层所需施工参数,为大面积施工时确定桩底高程提供依据;试验应在正式施工前进行。通过试验查明施工效果能否达到设计要求;若不能达到设计要求,分析原因后进一步调整填砂量、提升高度、挤压时间等施工参数,重新进行试验或修改施工工艺性设计,直到能够达到设计要求,方能进行正式施工;掌握成桩施工时的阻力情况,选择合理的技术措施;现场成桩试验如发现问题,应及时会同设计人员调整设计或改进施工。

(3)施工过程中应保证砂桩桩身的连续性。

(4)正常扩径时灌砂量不应低于计算灌砂量。

(5)必须对照设计要求、地质资料、水文条件,合理选择船机设备,砂桩船应配备灌砂及计量系统、压力控制系统和砂面检测仪,砂桩船振动设备和砂桩套管的配置应能满足施工要求。

(6)水下地形测量宜采用GPS无验潮测量技术,并绘制水下地形图,以便确定砂桩顶面高程及砂桩长度。为保证测量数据的准确性,应选择水流、风浪适合时进行测量。

(7)振动沉管成桩法施工应根据沉管和挤密情况,控制填砂量、提升高度和速度、挤压次数和时间、电机的工作电流等。

(8)砂桩施工时,宜先施工圆筒附近的砂桩,按照背离圆筒的方向进行。

(9)施工中,应由专人负责,详细记录实际施工参数。

4)验收标准

挤密砂桩砂料的规格、质量和性能指标应满足设计要求,并应符合国家现行有关标准的规定。检验方法为施工单位按进场批次抽样复验,监理单位见证取样。

(1)一般规定。

①挤密砂桩桩径分别为1500mm、1400mm和1100mm;平面布置为正方形(局部过渡区12.6m采用矩形),布置尺寸分别为1.8m×1.8m、1.8m×2.1m(局部过渡区)、2.1m×2.1m。设计给出的桩位布置图用于指导施工方进行挤密砂桩现场桩位布设,施工方可根据具体的施工工序和工法进行相应调整,其控制原则为挤密砂桩的施工范围不得小于设计给定的范围,置换率不小于设计值且桩间距相对均匀。挤密砂桩标准贯入试验(仅适用于上部高置换率挤密砂桩)平均标准贯入击数不小于20击;桩顶2.0m范围内平均标准贯入击数不小于12击。

②施工过程中,施工单位应对每道工序所完成的中间产品进行自检和验收,并做好隐蔽工程记录。

③挤密砂桩的质量控制应贯穿施工的全过程,并应坚持全程施工监理。施工过程中必须随时检查施工记录和计量记录,并对照规定的施工工艺抽检不小于20%的桩进行质量评定。检查重点是砂用量、桩长、套管往复挤压次数与时间、套管升降幅度和速度、每次填砂料量等。

④检验点应布置在下列部位:有代表性的桩位;施工中出现异常情况的部位;地基情况复杂,可能对施工质量产生影响的部位;其他随机抽选的桩。

(2)施工质量标准。

①桩身必须连续完整,桩径、深度、桩身强度必须符合设计要求;桩体材料的品种、规格必须符合设计要求。

②挤密砂桩施工质量应满足表2-11的规定。

挤密砂桩允许偏差、检验数量和方法 表2-11

序号	项目	规定值或允许偏差	检查方法和频率
1	桩位水平偏差	±250mm	检查施工定位记录
2	套管竖直度	不大于1.5%	检查施工定位记录
3	桩顶高程	±500mm	检查施工记录
4	每段桩体的填料量及每根桩的填料总量	不小于设计值和试验确定值(仅限于正常扩径)	检查施工记录
5	标准贯入(上部高置换率挤密砂桩)	不小于设计值	抽查成桩数总量的0.2%,且检测点在挤密砂桩区域内宜均匀布置
6	桩底高程(桩长大于6m)	①桩底高程≤设计底高程;②当桩底深度达不到设计底高程时,如果砂桩套管的贯入速率出现持续10s不大于1.0m/min,且管底高程与设计底高程差值≤3.0m,现场可停止桩管贯入并以此作为桩底高程;③以上两个条件不满足时,请报设计研究人员确认	检查施工记录
7	桩底高程(桩长小于或等于6m)	①桩底高程≤设计底高程;②当桩底深度达不到设计底高程时,如果砂桩套管的贯入速率出现持续1min不大于1.0m/min,且管底高程与设计底高程差值≤2.0m,现场可停止桩管贯入并以此作为桩底高程;③以上两个条件不满足时,请报设计研究人员确认	检查施工记录
8	桩径	不小于设计桩径;当不能达到设计桩径时,连续1min回打扩径的下沉速率小于0.2m/min后,停止扩径	检查施工记录
9	变径处高程	±50cm	检查施工记录

2.3.5 块石抛填

块石抛填前应对基槽回淤情况进行检测,若回淤超标,清淤后方可施工。块石粒径范围为 15~30cm,最大不能大于 30cm,含泥量不大于 2%,每 2000m³ 应进行一次粒径级配检测。经运输方驳运输至现场后,靠泊,抛石船使用挖掘机向溜槽喂料,进行定点抛填,如图 2-28 所示。抛石船精确定位到指定基线后,下放溜管。根据典型施工经验,溜管底口至基底为 4.5m 左右时抛填效果最佳。探头距溜管底口 1m,利用溜管侧壁测深探头,准确控制溜管下放高度。当探头显示水深数据为 5.5m 时,溜管停止下放。

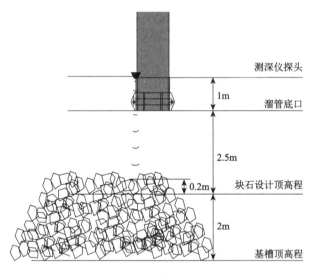

图 2-28 块石抛填示意图

根据施工区域特点提前绘制抛石网格图。抛石采用矩形网格法,网格间距前期暂定 3m(图 2-29),后期根据块石抛填效果,间距调整为 2.5m(图 2-30)。根据块石抛填效果,抛石网格间距由 3m 缩小至 2.5m 后,块石散落较为集中。

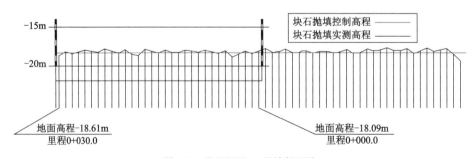

图 2-29 抛石间距 3m 抛填断面图

第2章　沉管地基与基础

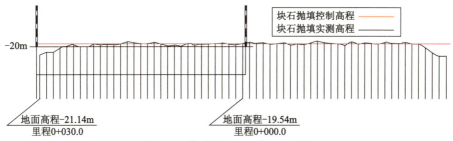

图 2-30　抛石间距 2.5m 抛填断面图

2.4　块石基床振密

2.4.1　概述

块石振密施工时,利用测控定位系统将块石振密船精确定位到指定抛石位置(图2-31),严格按照前期规划的振密轨迹进行振密施工(图2-32)。块石振密船和振锤台车精确定位后,控制绞车下放夯板,根据绞车出绳长度计量功能控制绞车行程以及夯板的倾斜度和下沉量,绞车提升或下降速度为 5～10m/min。当夯板下放至块石顶时停止下放,开启动力柜,进行振密施工,相邻断面和相邻夯点之间搭接量设置为1m。块石振密施工流程如图2-33 所示。

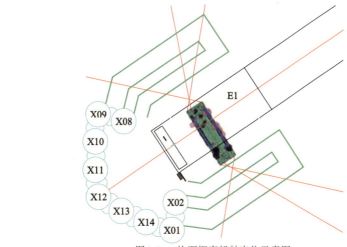

图 2-31　块石振密船舶定位示意图

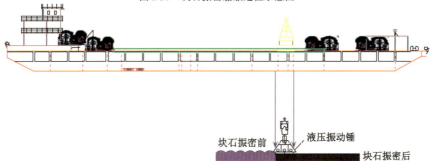

图 2-32　块石振密施工示意图

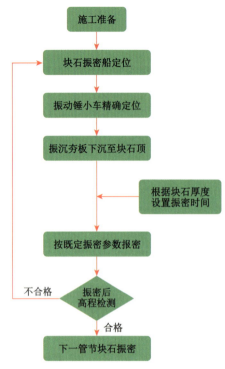

图 2-33　块石振密施工流程

2.4.2　范围

块石振密层分布在 E1～E5 管节、E14～E15 管节、E17～E20 管节、E22～E32 管节岛外块石夯平以外的区域。振密范围向沉管两侧各扩 3.0m。

2.4.3　技术要求

(1)块石振密、平整施工应在基槽开挖到位后尽快实施,各工序合理衔接,流水作业。

(2)块石粒径范围为 15～30cm,最大不能大于 30cm,含泥量不大于 2%,每 2000m³ 应进行一次粒径级配检测。

(3)振密块石前应对基槽进行检查,当基槽底重度大于 12.6kN/m³ 的回淤沉积物厚度大于 0.2m 时应进行清淤。

(4)块石振密后的断面尺寸应满足设计要求。

(5)应根据设计要求、施工能力、潮位和波浪影响,确定分层和分段施工顺序。

(6)应根据水深、水流和波浪等对块石产生的影响,确定抛石船的驻位。

(7)分层振密的块石上下层接触面间不应有回淤沉积物。

(8)大面积水下振密平整前宜开展典型施工试验。

(9)块石平均厚度为 1.1m,抛填厚度按 1.2m 或根据典型试验确定。

（10）振密过程中应加强施工区域边坡稳定性监测，确保基槽边坡安全。

（11）振密系统组成、夯板尺寸、液压振动锤激振力要求、振密时间、振动锤转速、搭接板宽度等振密参数均通过陆地试验确定。

（12）其他未尽之处，参照现行行业规范、规程及标准执行。

2.4.4 验收标准

基础振密块石验收应满足相关规范的要求，具体验收标准见表2-12。检验方法和数量等必须符合《水运工程质量检验标准》（JTS 257—2008）等文件的相关要求。

基础块石振密层验收标准　　　　　　　　　　　　　　　　表2-12

序号	检查项目	规定值或允许偏差	检查方法和频率
1	平均振密沉降量	10cm	多波束声呐系统探测；每5~10m一个测试断面，每2~5m一个测点
2	振密后块石层顶面高差	±25cm	
3	振密后块石变形模量	80MPa	通过典型试验确定
4	DCM区段DCM桩顶面的竖向平均应力	150MPa	

第3章 碎石整平技术与装备

3.1 概 述

3.1.1 国外基础整平技术

美国、英国、日本等国从 20 世纪 60 年代中后期就开始了对沉管技术的研究。对国内外已建设的上百座沉管隧道基础处理方法进行统计,先铺法占 28%,喷砂法占 18%,压砂法占 17%,灌砂法占 16%,其他基础处理方法占 21%。可见,先铺法占的比例最高,这也是沉管隧道基础处理方式未来发展的大趋势。

美国旧金山湾海底隧道碎石基床采用浮筒式碎石基床整平机施工,如图 3-1 所示。其主体是一个方框形桁架,桁架用浮筒浮于水面。桁架上安装有道轨和台车,台车下悬调整平料分配箱。作业时,将整平料从漏斗放入分配箱,拖曳台车带动分配箱将整平料均匀地铺设在基床顶面上,从而实现基床整平。碎石垄高程使用激光和光电接收器控制,控制精度为 ±80mm。

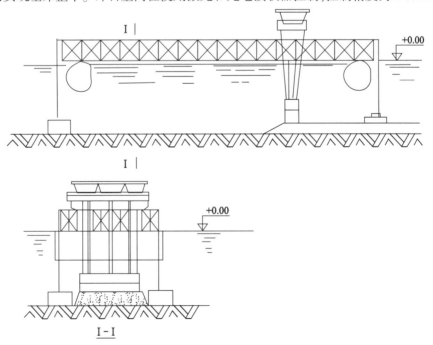

图 3-1 浮筒式碎石基床整平机

厄勒海峡沉管隧道全长4.05km,基础条件较好,其施工最大水深22m,该项目使用的碎石基础浮式铺设平台如图3-2所示。该平台在最大波高0.75m、最大水流速度1m/s的条件下实现了±25mm的基础整平精度。基础整平的基本方式是通过管道直接将碎石输送至基槽预定位置,管道的下端配有一套刮板,刮板沿基槽横向移动,使碎石顶部在铺设时处于预定高程内。这个过程是连续的,没有二次整平。

韩国釜山—巨济沉管隧道全长约3.3km,采用专用自升平台式整平船"KUS-ISLAND"号进行施工,如图3-3所示。该船在最大水深48m、最大水流速度1m/s的条件下基础整平精度达到±40mm,14~16d可完成长180m、宽31.66m的碎石基床整平施工。

图3-2　碎石基础浮式铺设平台　　图3-3　"KUS-ISLAND"号自升平台式整平船

3.1.2　国内基础整平技术

我国从20世纪70年代中后期开始,对深水抛石基床整平技术开展了深入的研究和应用,并取得了一定成果。目前的刮铺设备主要应用于重力式码头或防波堤的基床整平,一般整平精度为±50mm,与沉管隧道刮铺基础要求的±40mm整平精度还有一定的差距。国内目前有步履式水下整平机、坐底式整平船、平台式整平船几种船型,步履式水下整平机的整平基床宽度≤14.2m;"航工平1"号平台式整平船适用水深仅为4~11m,如图3-4所示。

 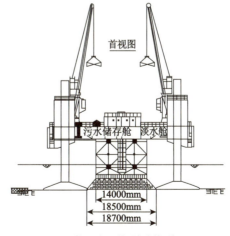

a) 步履式水下整平机　　b) "航工平1"号平台式整平船

图3-4　步履式水下整平机和"航工平1"号平台式整平船

"青平2"号抛石整平船,工作水深45m,整平精度达到±50mm,主要用于码头或防波堤等离岸深水基床的抛石整平,如图3-5所示。

图3-5 "青平2"号抛石整平船

20世纪70年代末80年代初建设的香港地铁荃湾线尖沙咀至湾仔沉管隧道,最大水深约30m,其横断面底部宽度为10.31m,沉管基础顶宽为14m。碎石基础整平采用先铺刮石法,所采用的专门工程船舶兼顾了基础处理和管节沉放,如图3-6所示。基础整平分两层施工,基础第一层预留高程为30cm,做粗整平;第二层为精细整平,基础顶面平整度达±50mm。

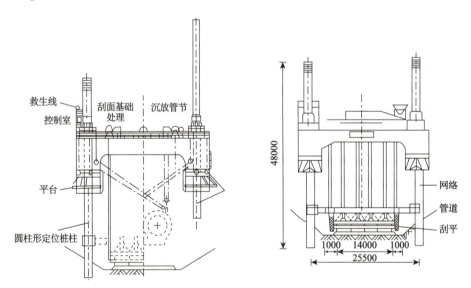

图3-6 基础处理和管节沉放专用船(尺寸单位:mm)

港珠澳大桥沉管隧道基础由自升平台式整平船"津平1"号施工,如图3-7所示。在最大水深50m、最大水流速度1.5m/s的条件下,整平精度能达到±40mm,最大作业范围达51.2m×25.2m。7~8d可完成长180m、宽42m基床整平施工。

图 3-7 "津平 1"号自升平台式整平船

3.2 整平装备

根据深中通道工程的工程规模、水深、作业条件以及对精度和工效的要求,研发建造了一艘自升平台式整平船——"一航津平 2"号。先铺法碎石基床整平施工配套船舶还包括供料船、皮带运输船、拖轮、锚艇等。

3.2.1 自升平台式整平船

1) 船舶总布置

"一航津平 2"主船体为箱形"回"字结构,分上下两层甲板,上甲板即顶甲板,尾部设有 CO_2 站室、空调机室、应急发电机室;下甲板即主甲板,配有定位锚绞车和系泊绞车等设备,左舷侧设置靠船结构。顶甲板四角上布置有四根采用齿轮齿条形式驱动的桩腿;中间月池上部设置一台纵向移动的大车,大车上设置带有抛石管的小车,小车可以沿大车横梁横向移动,以实现抛石管的大范围作业能力。船上还配置了供给料皮带机、柴油发电机组、压载舱注排水系统等各种辅助设备。

2) 船舶主尺度

"一航津平 2"整平船(图 3-8)主要尺度见表 3-1。

"一航津平 2"整平船主要尺度 表 3-1

参数	型长	型宽	型深	设计吃水线	桩腿总长	抛石管总长	中间月池尺寸
取值	92m	63.3m	6.5m	4.8m	75m	72.6m	70.4m×47.2m

图 3-8 "一航津平 2"整平船

3）船舶性能

整平船作为沉管隧道碎石垫层铺设施工专用船舶,实现了对整平船定位、碎石输送系统的控制、下料管升降的控制、整平刮道的高程调节、整平台车纵横向移动的控制、水下目标的高程动态定位、下料管料位的控制、碎石铺设的同步质量检测等铺设施工作业的自动化、一体化管理,整平船主要性能见表 3-2。

整平船主要性能　　　　　　　　　　表 3-2

参　数	取　值	参　数	取　值
最大船舶作业水深	40m	单船位最大铺设尺寸	60.9m×43.5m
插桩作业水深	10～40m	铺设精度	±40mm
设计最大铺设速度	5m/min	石料粒径	≤80mm
铺设厚度	1.7m	自持力	20d

整平船月池的尺寸是 $70.4m \times 47.2m$,最大铺设范围为 $60.9m \times 43.5m$。整平船最大铺设面积与单个船位铺设面积平面示意图如图 3-9 所示。

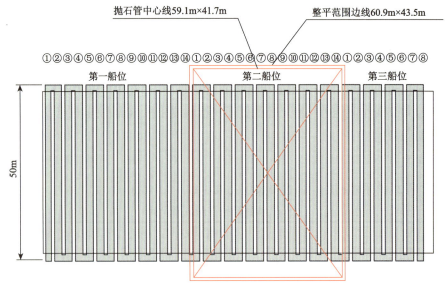

图 3-9　整平船铺设范围平面示意图

4)作业工况

整平船作业工况见表3-3。

整平船作业工况　　　　　　　　　　　　　表3-3

序　号	项　目	铺设作业工况	插桩工况	设计状态安全存在条件
1	最大波高(m)	≤3.0	≤1.0	≤4.5
2	流速(m/s)	1.5	≤1.5	≤2
3	风速(m/s)	≤13.8	≤13.8	≤51.5
4	气隙(m)	4	—	4.5
5	入泥深度(m)	≥3	—	≥3

5)舾装设备

整平船设置6台电动变频移船、定位锚绞机,每台绞车设有1个卷筒,可采用中央控制和机旁控制两种操作方式。整平船配置6根锚缆,每根长度为800m。锚缆为镀锌钢丝绳,直径$\phi 52mm$,$6 \times 36WS + IWRC-1770$。每根锚缆配备相应的连接装置,包括短链、卡环、转环等。工作锚、锚机、缆绳配备见表3-4。

工作锚、锚机、缆绳配备表　　　　　　　　表3-4

工作锚				
数量	锚和锚平衡杆的质量	锚型	锚索	锚索长度
6个	14100kg	AC-14型大抓力锚	$\phi 52mm$钢丝绳	800m
移位锚机				
数量	钢丝绳	锚机拉力	锚机速度	空载速度	容绳量
6个	$\phi 52mm$	500kN	0~12m/min	0~36m/min	800m
锚浮漂、锚头缆				
配备锚浮漂6只、锚头缆6条,及其卡环等所有的连接附件				

主甲板上适当位置设有足够数量的双柱带缆桩。带缆桩位于舱壁或者强框架处。在船首部安装4个(左、右舷各2个)Smit拖点用于主拖带,尾部安装2个(左、右舷各1个)拖点用作应急拖带。整平船配置2套拖航索具,每套拖航索具包括2根龙须缆、1根短缆、1个三角眼板及连接卸扣。每根龙须缆由钢丝绳和防擦链组成。主甲板上的设施布置图如图3-10所示。

6)升降系统

整平船每根桩腿上均背对背布置有一对齿条,采用齿轮齿条的方式升降。整个升降系统全部采用变频电机驱动的方式。升降系统可对本船进行升降作业。升降控制系统安装于中控室内,可对升降系统进行监控操作,显示船体的实时姿态,并在船体大倾斜时给出报警。

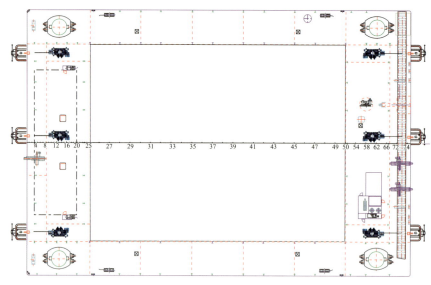

图 3-10 整平船主甲板设施布置图

每根桩腿周围都布置了固定的自升式框架结构,其中包含 12 套分 6 层相对安装的抬升装置,全船共有 48 套抬升装置(抬升装置总套数也可由设备商推荐)。

整平船具备每条桩腿有 1 台驱动单元失效情况下仍能进行预压载抬升操作的能力。

抬升装置使用寿命不低于 2000h。

单套抬升装置抬升能力:额定抬升载荷 2303kN,预压载抬升载荷 2744kN。

抬升装置在额定抬升载荷下,抬升船体的额定速度为 0.55m/min;抬升装置在预压抬升载荷下,抬升船体的额定速度为 0.30m/min。

在顶甲板下方设置 1 套液压锁紧系统,用于锁止桩腿齿条,锁紧系统的主要技术参数为:桩腿单边垂直载荷 19600kN。

7)抛石整平系统

抛石整平系统设计用途为隧道的碎石垫层铺设作业,负责铺设水深 40m 范围内沉管管节的碎石垫层。抛石整平系统设备主要分为抛石整平设备和石料输送设备。抛石管升降至石料铺设高度,石料经皮带输送设备经过 3 次提升,投入抛石管进料口;抛石管随大车和小车的移动,完成规定行程,同时将石料铺设至海底槽床上。

(1)抛石管。

抛石管主要结构为一根外径为 1524mm 的钢质圆管,管外为方形加强结构。抛石管从上至下共有若干个开口作为石料的进料口。抛石管头部由固定的主管和可以伸缩的平衡管组成,通过 4 根平衡油缸共同作用,可以调节平衡管的伸出长度,以满足抛石整平的精度要求。抛石管头部安装有 2 套声呐系统,用于检测海底槽床(抛石前的检测)和已铺设碎石基层高度,并设置倾斜仪检测抛石管倾斜程度,纠正抛石管角度。图 3-11 所示为抛石管。

(2) 抛石管升降绞车。

抛石管升降绞车安装在移动小车上,采用双卷筒、单驱动的形式,通过滑轮组负责抛石管的起升和锁止。滑轮组末端设置夹绳板装置,防止钢丝绳意外断绳时抛石管坠落。抛石管升降速度为 0～2m/min,可无级变速。

(3) 抛石管支撑和夹持系统。

抛石管夹持机构共 2 副,分别安装在抛石管固定架的上下位置,通过中间油缸的行程变化压紧或者松开抛石管。抛石管夹持机构的主要作用是确保抛石管在到位锁止之后,不会再发生偏转晃动。

图 3-11　抛石管

(4) 行走大车和行走小车。

行走大车横跨整个月池,齿轮齿条驱动,带动抛石管纵向移动,完成抛石整平作业过程中的纵向位移。行走小车在行走大车上移动,齿轮齿条驱动,带动抛石管横向移动,完成抛石整平作业过程中的横向位移。行走小车上面设置有驾驶室,抛石管升降绞车、抛石管固定架和抛石管软管导向支架、抛石管夹持机构和导向轮等设备安装在抛石管固定架上。大车工作行程为 59.1m,小车工作行程为 41.7m,移动速度均为 0.1～5m/min。图 3-12 所示为整平船行走大、小车。

图 3-12　整平船行走大、小车

(5) 石料输送设备。

石料输送设备采用皮带输送机的形式,通过 3 台皮带输送的接力传送,将进料料斗内的石料送入抛石管。皮带输送机包括固定式和带移动尾车的移动式两种。皮带输送机采用橡胶胶带,输送带接头采用硫化接头,尾部设固定挡板,头部和尾部均设固定导料槽。皮带机需具备带载启动能力和防逆转功能。

(6)抛石整平施工管理系统。

在抛石管室,设有1套抛石整平控制管理系统。除实现对纵向移动台车和横向移动台车的行进控制以及对抛石(下料)管升降及锁固控制的基本操作功能外,还具备对整平前后的高程进行测控的功能。

纵、横向移动台车的传动电机均采用交流变频驱动,纵、横向台车的移动简图和参数能够在测控室控制台上显示。

抛石(下料)管升降绞车的传动电机采用变频驱动,管的下端可利用液压缸进行微调以满足高程和坡度的要求。管中的料位高度能够自动检测与控制。抛石(下料)管的升降及锁固能够在测控室控制台上显示与控制。

抛石管末端设有油缸微调系统,通过对油缸的控制实现抛石管的微调。

抛石管设有倾斜管理系统,通过控制台获得倾斜报警并调整。

管理工作站通过RTK-GPS系统及声呐系统,对抛石管及整平面进行作业前检测和作业后扫描,实现管理作业。

高程测控可采用GPS、声呐等先进适用的测控技术和装置实现。DGPS通过RTK中继站提供精确的位置信号,高程测控的所有数据以数字方式自动显示、记录、储存、复制和打印。所有数据可同时保存,可在办公室打印。抛石整平施工管理系统界面如图3-13所示。

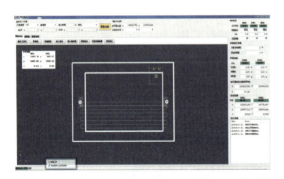
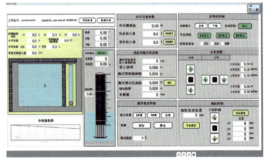

图3-13 抛石整平施工管理系统界面

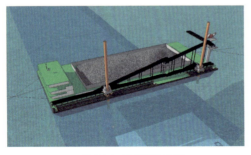

图3-14 供料船示意图

3.2.2 供料船

供料船主要用于为整平船进行铺设作业时的连续供料,甲板料仓一次储料能力约为3000m³,单次储料可满足整平船一个船位的铺设用料。供料船重载状态下,为整平船供料的皮带机皮带长27m,舷外跨度最大为10m。供料船示意图如图3-14所示,其结构示意图如图3-15所示。

第3章 碎石整平技术与装备

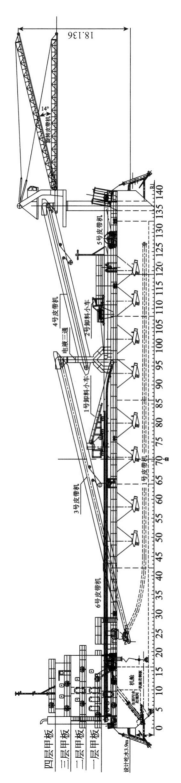

图3-15 供料船结构示意图（尺寸单位：m）

3.3 整平工艺

3.3.1 概述

1）基床结构

先铺法碎石基床多采用垄沟式结构,具备一定的纳淤能力,可有效防止沉管安装前基床严重淤积。深中通道沉管隧道碎石基床采用横向垄沟式结构,基床宽50m、厚1.0m,垄顶宽1.8m,垄沟宽1.2m,垄中心间距3.0m,第一条垄中心线距离已安管节尾端3.0m,碎石垫层结构如图3-16所示。

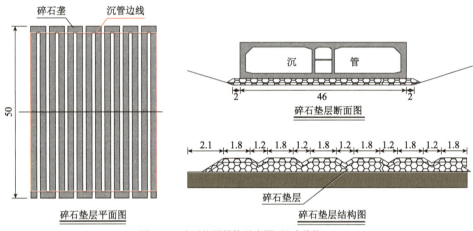

图3-16 碎石垫层结构示意图(尺寸单位:m)

标准管节碎石垫层长165m、宽50m,由54条碎石垄组成,碎石垫层铺设分为4个船位。采用专用平台式整平船施工,为提高整平精度,分两层进行。船位划分图如图3-17所示。

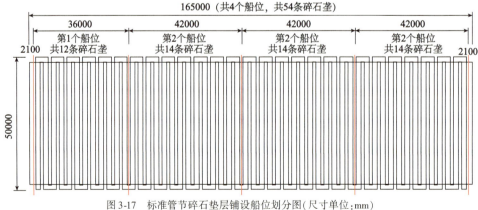

图3-17 标准管节碎石垫层铺设船位划分图(尺寸单位:mm)

碎石材料采用粒径为 20~60mm、能够自由散落且未受污染、干净、耐久性良好、级配良好的碎石,碎石含泥量不大于 2%,石料饱和单轴极限抗压强度不低于 50MPa。碎石级配应满足表 3-5 的要求。

整平用碎石级配指标   表 3-5

筛分粒径(mm)	筛分通过率(干重)(%)
63	100
31.5	20~45
19	8

2) 地质情况

深中通道工程场区范围地层划分为六大岩土层,各岩土层的工程地质特征如下。

(1) 第二大单元层为全新统海相沉积物:岩性主要为淤泥、淤泥质粉质黏土,呈连续分布,局部夹有粉砂、细砂、中砂和粗砂等。主要分布如下:

①淤泥:灰黑色,流塑,质较均,有腥臭味,顶部为浮泥,取芯较为困难。沉管隧道段全场区均有分布。

②淤泥:深灰色,流塑,大部分质均,局部富集贝壳碎片,多显水平层理,有腥臭味,该地层欠固结。

③粉质黏土:棕黄色~橘黄色,软塑~可塑,质不均,呈透镜状分布,局部零星分布。

④粉质黏土:深灰色,软塑,土质不均,混砂不均,呈透镜体分布。

⑤粉砂:深灰色为主,部分呈灰黄色、灰白色,稍密~中密,饱和,质不纯,含较多黏粒,多呈透镜体状。

⑥细砂:灰色,稍密,局部混少量砾石,粒径为 0.5~1.2cm,偶见腐殖质。

⑦中砂:深灰色为主,部分呈灰黄色、灰白色,稍密~中密,饱和,质不纯,含较多黏粒,呈透镜体状零星分布。

⑧粗砂:灰色,饱和,密实,黏粒含量高,偶夹粉质黏土薄层。

⑨砾砂:灰色,饱和,中密,分选性一般,含砾石。

⑩淤泥质粉质黏土:深灰色,流塑,质不均,主要呈透镜体状分布于勘区上部,分布不连续。

(2) 第三大单元层为晚更新世晚期陆相沉积物:岩性主要为软~可塑状黏土,其下部多分布有薄层稍密~密实状的粉砂~砾砂,局部夹有透镜体状的圆砾。呈断续分布,层厚较薄。主要分布如下:

①黏土:灰黄~灰色,可塑,质较均,呈透镜体状零星分布。

②粉质黏土:灰黄色为主,局部灰色、灰白色,可塑为主,质较均,局部夹薄层粉砂。

③淤泥质粉质黏土:深灰色,流塑,土质较均匀,显水平层理,局部夹粉砂薄层,属高压缩性

土,该层主要呈透镜体分布,厚度较薄。

④粉砂:灰黄色、灰白色,稍密~中密,饱和,质较纯,部分含黏粒。

⑤细砂:灰黄色为主,局部灰白色,稍密~中密,饱和,质较纯,粒较均,部分含黏粒,呈层状分布。

⑥中砂:灰黄色为主,部分灰白色,中密~密实,黏粒含量较高,岩芯多呈柱状,呈层状分布。

⑦粗砂:灰黄色,中密~密实,饱和,质较纯,粒不均,局部夹粉质黏土。

⑧砾砂:灰黄色,密实,饱和,质不纯,含黏粒,粒不均,含5%~20%的圆砾石,零星分布。

(3)第四大单元层残积土为岩石风化残积物,呈硬~半坚硬状砂质黏性土状。砂质黏性土呈棕黄色~灰黄色,可塑~硬塑,质较均,主要分布于岩面表层。

(4)第六大单元层为燕山期侵入岩(晚期),基岩层可按风化程度进一步划分为全风化、强风化、中风化。主要分布如下:

①全风化花岗岩:棕黄色、灰黄色,岩石风化严重。

②砂砾状强风化花岗岩:棕黄色为主,部分灰白色、灰绿色,岩石风化严重。

③碎块状强风化花岗岩:棕黄色为主,中粗粒花岗结构,块状构造,岩体风化严重。

④中风化花岗岩:灰白色、棕黄色,中粗粒花岗结构,块状构造。

⑤强风化石英岩(砂土状):白色,块状构造,受风化影响较严重,节理裂隙发育,岩体破碎,风化不均匀。

⑥强风化石英岩(碎块状):白色,块状构造,岩体较完整,岩质硬。

3)地基处理方式

(1)斜坡段地基处理。

E1~E5管节沉管底部区域及两侧回填区域范围采用不同桩长的DCM桩方案处理,大圆筒内采用高压旋喷桩处理。沉管底和两侧回填区DCM桩均采用单桩式布置形式,单桩直径1.3m,搭接0.3m,四桩一簇直径为2.3m,单桩沿沉管纵向间距为3m,沉管底部和两侧防撞回填区横向间距分为3m、4m和5m三种,DCM桩的处理深度根据受力确定,原则上要打入标准贯入达到30~50击的全风化岩层。当全风化岩层上部有不小于3m厚度的砂层时,桩基可施工至全风化层顶面;当全风化岩层上部为淤泥质土或淤泥质粉质黏土时,桩端进入全风化层0.5m,以保证桩底不发生过大变形;DCM桩的60d无侧限抗压强度设计值为1.6MPa,其强度随深度变化如图3-18所示。

西人工岛斜坡段的地基处理方案分区见表3-6。

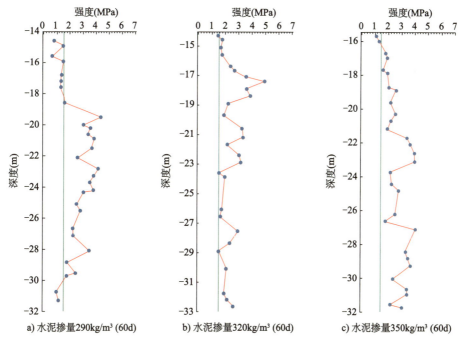

图 3-18 桩身 60d 无侧限抗压强度随深度变化曲线

西人工岛斜坡段地基处理方案　　　　表 3-6

区段划分	里程范围	管节范围	地基处理方案
西人工岛斜坡段	K11+343.4~K11+719.2	E3~E5 管节	DCM 地基处理方案,桩纵向间距 3m、横向间距 3m、5m 的非等间距布置,综合置换率 41%；DCM 桩的 60d 无侧限抗压强度为 1200kPa；1.1m 厚振密块石+1m 厚碎石垫层
	K11+719.2~K11+941.2	E2~E3 管节	综合置换率 47.4%,单桩式 DCM 处理方案；DCM 桩的 60d 无侧限抗压强度为 1200kPa；1.1m 厚振密块石+1m 厚碎石垫层

（2）中间段地基处理。

E13~E21 管节,管底包括厚度小于 5m 的部分软弱土层（淤泥质土层、黏土层和粉质黏土层）。对于软弱土层较薄处,采用 2~3m 夯平块石+1m 厚碎石垫层方案；对于软弱土层较厚处,采用 DCM 桩处理软弱土层,DCM 桩处理软弱土层后,DCM 桩顶部换填 1.1m 的块石振密层,其上再铺设 1m 厚的碎石垫层。

E6~E12 管节,管底为全/强/中风化岩层,地基处理采用 1m 厚碎石垫层方案（E6 管节局部 18.4m 由夯平块石变更为 0.7m 碎石垫层铺设,E7 管节局部 80m 增加 0.7m 厚碎石垫层）。各区段处理方案见表 3-7。

沉管中间段地基处理方案　　　　　表 3-7

区段划分	里程范围	管节范围	地基处理方案
沉管中间段	K8+634.0 ~ K8+900.0	E20 ~ E22 管节	2~3m 厚块石夯平层+1m 厚碎石垫层
	K8+900.0 ~ K9+350.0	E17 ~ E20 管节	采用长 5.6m 的 DCM 桩处理,桩间距按 3m×4m 矩形布置,置换率 38.7%；1.1m 厚块石振密层+1m 厚碎石垫层
	K9+350.0 ~ K9+720.0	E15 ~ E17 管节	2~3m 厚块石夯平层+1m 厚碎石垫层
	K9+720.0 ~ K9+880.0	E14 ~ E15 管节	采用长 5.6m 的 DCM 桩处理,桩间距按 3m×4m 矩形布置,置换率 38.7%；1.1m 厚块石振密层+1m 厚碎石垫层
	K9+880.0 ~ K10+100.0	E13 ~ E14 管节	2m 厚块石夯平层+1m 厚碎石垫层
	K10+100.0 ~ K11+343.4	E5 ~ E13 管节	1m 厚碎石垫层(E6 管节局部 18.4m 增加 0.7m 厚碎石垫层铺设,E7 管节局部 80m 增加 0.7m 厚碎石垫层铺设)

从西人工岛斜坡段到中间段 E1 ~ E22 管节的地基处理断面如图 3-19 所示。

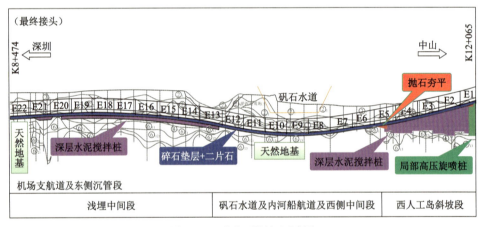

图 3-19　地基处理纵断面示意图

4)施工特点及难点

深中通道碎石基床施工特点及应对措施见表 3-8。

深中通道碎石基床施工特点及应对措施　　　　　表 3-8

序号	项目	施工特点	应对措施
1	插桩风险大	(1)结合整平船 DCM 区插桩试验和典型施工情况,由于 DCM 区复合地基的不均匀性和不确定性,DCM 区插桩存在"穿刺"风险； (2)基岩区采用凿岩方式成槽,基岩造成破坏,岩层状态存在不确定性,易造成整平船滑塌甚至倾覆的风险	(1)优化整平船 DCM 区插桩工艺,降低"穿刺"对船体和机械设备的损坏； (2)对 DCM 区插桩进行分析,经试验分析讨论后,整平船 DCM 施工采用半漂浮施工方案； (3)针对基岩区插桩风险,后续将继续对基岩区插桩进行分析,必要时将进行半漂浮或全漂浮整平研究及相关试验

第3章 碎石整平技术与装备

续上表

序号	项　目	施工特点	应对措施
2	自然条件对施工影响大	（1）地处珠江口，靠近三大口门，径流大，水流条件复杂； （2）隧址区水文泥沙条件复杂，洪季淤强约2.0cm/d，回淤风险大； （3）矾石水道以东处在珠江口东滩，水深浅，常规施工船舶吃水受限	（1）选择抗流能力强的船舶和锚系，落实现场船舶管理制度； （2）加强回淤监测，合理安排施工，降低回淤影响； （3）选择满足施工海域水深要求的施工船舶，优化船舶进场工艺
3	施工安全风险高，安全管理难度大	（1）施工船舶种类数量多，交叉作业多，船舶相互影响大，船舶管理难度大； （2）施工工期长，贯穿多个台风期，防风、防台任务重； （3）施工区域气候复杂多变，受热带气旋、短时雷暴等恶劣天气影响较大； （4）施工区穿越航道多，航道繁忙，船舶多，协调难度大	（1）科学组织，合理选择施工船舶，落实管理制度，做好并落实重点分项施工方案； （2）加强水文气象预报，做好防风、防台预案和其他各项应急预案； （3）加强与海事部门的联系沟通，建立联络机制，制定并落实通航保障方案
4	测控精度高，难度大	（1）施工区域远离陆地，水上测量平台施工控制点受风浪流的影响较大，建立准确平面控制基准难度大，长距离跨海高程传递难度大； （2）深水长距离条件的沉管水下定位测控难度大，测量精度要求高	（1）施工过程中定期加强对控制基准点的动态监测，同时加强前期控制网的检测与复测； （2）开展测量风险管理和标准化管理，优化水下定位及测量技术，提高控制精度
5	基岩区整平期间滑移风险	（1）整平施工区域远离陆地，施工海域环境因素复杂，整平期间平台式整平船受风浪流影响较大； （2）整平船插桩位置具有一定坡度，如岩质边坡结构面的抗剪强度较低，基岩区插桩入泥深度浅，侧摩阻力小，侧滑风险高	（1）施工前详细核查地质资料，对插桩位置的结构面进行评估，判断结构面的倾向和抗剪强度的大小，制定详细的插桩工艺，防止因岩体结构强度不足而导致岩体发生滑塌； （2）整平过程中密切观察风浪流情况，一旦出现风浪流过大的情况，立即停止施工
6	抛石管刮碰槽底及边坡风险	基岩区整平过程中，在抛石管移动至基槽边和每个船位第二层铺设完成后排出管内剩余石料时，抛石管底部的声呐反射板存在触碰到基槽边坡、槽底并造成损坏的风险	（1）在整平过程中，控制抛石管偏离法线距离不超过24.1m； （2）进行每个船位最后一条垄的第二层铺设时，控制抛石管剩余石料数量，若需要排料，控制抛石管偏离法线距离不超过26m

5）验收标准

碎石垫层验收标准见表3-9。

碎石垫层验收标准　　　　　　　　　表3-9

序号	检查项目	规定值或允许偏差（cm）	检查方法和频率
1	垫层顶部所有测点最大允许偏差（含人工整平段）	±4	水准测量法、声呐法；逐垄测试
2	垫层两侧顶边线与设计位置平面允许偏差（含人工整平段）	±20	
3	碎石垄纵向偏位	±15	
4	碎石垄纵向宽度	0～+20	碎石垄施工采用专用固定整平设备，垄宽度参数与设备尺寸直接相关

根据深中通道沉管隧道施工特点，结合施工现场条件，从整平船进场前准备工作、整平船拖航进场、移船定位、锚缆布设、插桩抬升、铺设施工、基床纵坡控制、碎石基床质量检测等方面，不断优化施工参数、完善操作规程，形成科学先进的高精度碎石基床整平工艺。E3～E11管节由于地处 DCM 区和基岩区，插桩过程中高频率出现大幅"穿刺"或入泥小于 3m 的情况，因此，采用半漂浮施工工艺，其余管节采用全抬升施工工艺。

3.3.2　抬升式整平工艺

1）施工流程

碎石垫层施工流程为：潜水探摸和多波束船扫测→块石顶面清淤（回淤超出设计要求时）→整平船工前校准→整平船进场定位→整平船插桩抬升→作业参数校准→下降抛石管并确认铺设位置及高程→供料船就位供料→铺设作业→成形测量验收→进入下一船位→循环作业至完成→拖航至锚地待命。碎石垫层整平船整平施工流程如图 3-20 所示。

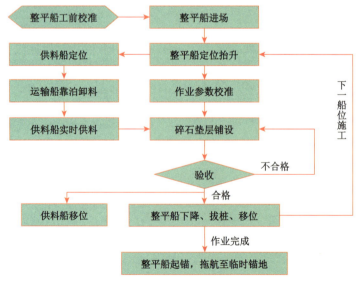

图3-20　碎石垫层整平船整平施工流程图

2)施工方法

(1)整平回淤监测。

碎石整平回淤监测分为两个阶段,分别为整平前和整平后的回淤监测。

根据设计要求,块石振密完成后至整平船进场整平前,进行整平区域的回淤监测。监测方法包括多波束扫测和潜水探摸两种。

采用多波束对基槽进行全断面扫测,并将扫测数据与上道工序完工后高程进行比对,确保基槽内回淤情况未超过设计要求范围,如图3-21和图3-22所示。

图3-21 多波束扫测工作示意图

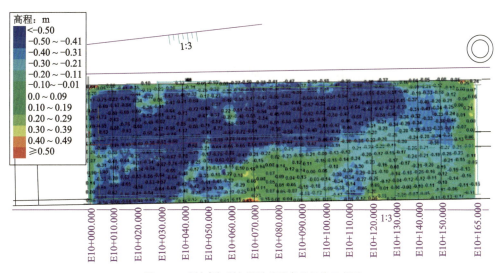

图3-22 多波束扫测与设计基槽高程差值示意图

由潜水员对基槽回淤情况进行探摸,以已安装管节为基准,从钢封门开始进行探摸,分别在整平区以10m、20m为半径进行探摸,总共探摸0+20m、0+40m、0+100m、0+140m、0+180m五个范围内的回淤情况,通过对讲机与潜水员交流并实时记录,如图3-23所示。必要时,可进行回淤物取样。

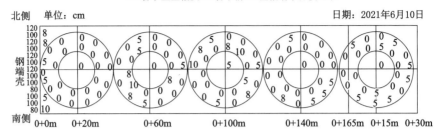

图 3-23 潜水探摸记录示意图

整平后至沉管安装前,需进行回淤监测。回淤监测包括潜水探摸和回淤盒监测两种。

整平施工期间,潜水员分别于每一船位完成1d后对该船位进行潜水探摸并记录,如图3-24所示。探摸方法为沿已铺设碎石垄进行探摸。

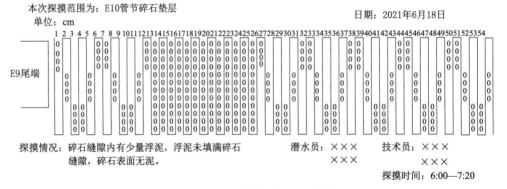

图 3-24 整平后潜水探摸记录示意图

整平铺设第一船位完成后,潜水员在已铺设碎石垄上放置4个回淤盒,并按照1d、2d、3d、4d的间隔将其取出,通过对回淤盒内的回淤物厚度进行测量,掌握施工期间回淤强度。

(2)整平船工前校准。

整平船进场施工前需对抛石管平面、高程系统和船体倾斜等进行校准。

①整平船平面高程系统校准。

采用全站仪法对整平船平面高程系统进行标定:在测量平台或西人工岛上架设全站仪,将抛石管提升至维修平台并在管底中心位置安装棱镜,下降抛石管至全站仪能瞄准棱镜时锁紧并测量,将测量结果与测控系统显示的平面、高程进行比对,如图3-25所示。

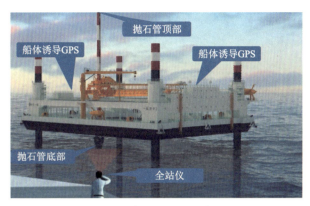

图 3-25 高程系统校准示意图

②船体倾斜校准。

在整平船上架设扫平仪,保证扫平仪可以通视人车轨道 4 个角点位置,通过扫平仪测量数据对船体进行调平,船体调平后将船体倾斜仪进行归零。

③油缸标定。

整平船进场前,采用激光测距仪直接对油缸伸缩量进行核对,将软件中油缸设置数调整为 0,手动调整上升、下降至停止,此时,用测距仪测量油缸的伸缩量并记录读数;设置软件中油缸设置数为 −400mm,手动调整油缸下降至停止,此时用测距仪测量油缸的伸出量并记录读数;将以上两次的读数与软件中显示的油缸伸缩量进行比对,比对结果显示偏差控制在 2mm 以内,如图 3-26 所示。

图 3-26 油缸标定校准

(3)整平船进场。

整平船拖航及锚位布设:选择合适海况进行整平船进场拖航工作,拖航时整平船桩腿底部与船体底部平齐(图 3-27)。抛锚时先抛船首和船尾两口锚,再抛左舷侧的锚,最后抛右舷侧的锚。单个管节碎石垫层铺设过程中,通过锚绞车收放锚缆,实现整平船在整个管节范围内的移船、定位,此过程中六口锚原则上不再移动。

图 3-27　整平船拖航示意图

(4)整平船定位抬升。

整平船就位完成后,绞移至指定位置,通过船体诱导系统控制平面位置偏差在 ±10cm 以内,并进行调平,如图 3-28 所示。调平后通过抬升装置进行抬升,抬升装置安装在升降主结构内,通过电机驱动减速箱带动爬升齿轮与桩腿齿条进行啮合运动,以此实现平台(桩腿)升起或下降。

 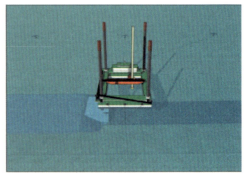

图 3-28　船体诱导定位示意图

整平船插桩前,根据施工区域地质资料对整平船桩腿位置地质进行分析,判断是否存在软弱夹层。当桩腿接近软弱夹层时,暂停其他桩腿插桩动作,单独对该桩腿施加荷载,直至桩腿穿过夹层为止,之后继续进行插桩。具体步骤如下:

①4 条桩腿同时入泥并按照操作手册要求打入预压载水 2000t。

②同时对 4 根桩腿施加荷载至桩腿支反力达 5880kN 或出现较大倾斜时,停止四角插桩,改为对角插桩。

③交替对对角两根桩腿施加荷载至船体抬出水面,在此过程中,时刻保证船体倾斜度不超过 0.3°。如果超过 0.3°,停止当前对角桩腿压载,开始另外两个对角桩腿压载,通过交替对桩腿施加荷载至船体出水。为防止意外发生,插桩时选择海况较好的条件进行,暂定最大波高小于 0.5m 时插桩,减小船体初始抬升高度(暂定抬升至水面以上 0.5m)。

④船体出水后观察 30min,确定四根桩腿无沉降后再排掉压载水。

⑤抬升至施工高度。

整平船全抬升插桩示意图如图 3-29 所示。

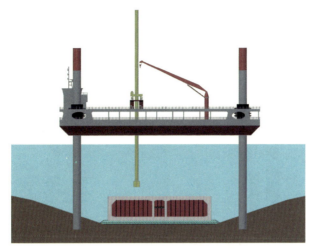

图 3-29　整平船全抬升插桩示意图

（5）整平船作业参数校准。

①施工位置确认。

整平船平台抬升完成后，在施工定位管理系统中输入第一条垄中心线两端坐标及垄间距，系统自动计算其余垄坐标并在显示界面显示其位置，如图 3-30 所示。此时，确认计划铺设区域是否在铺设范围内，若不满足要求，需重新定位抬升平台。

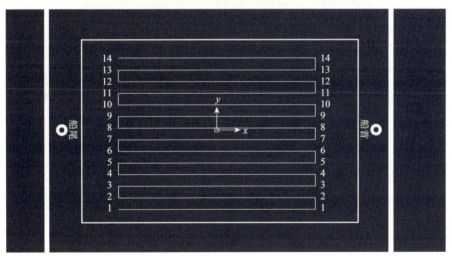

图 3-30　施工位置确认示意图

②船体倾斜校准。

在行走大车的两条轨道两端架设扫平仪接收器，在整平船顶甲板上放置扫平仪，测出 4 点相对高差，通过升降 4 根桩腿将其高差调至 ±1cm，然后进行倾斜仪归零。

③料位计校准。

将 50m 卷尺固定于料位计钢丝绳上，下降料位计 25m，通过卷尺实测下降长度并在料位系统中进行修正。

④高程校准。

在已安装管节尾端设置 3 个比对控制点,通过贯通测量反算比对控制点高程,然后将抛石管移至已安装管节上端,潜水员对抛石管底部与已安装管节顶部控制点之间的距离进行测量,通过控制点高程和测量间距反算抛石管底部高程并同整平船测控系统显示的高程进行比对。若有异常需查找原因,标定参数,确保高程系统的准确性,如图 3-31 所示。

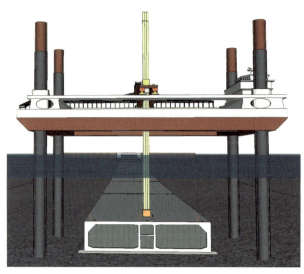

图 3-31　抛石管高程系统潜水校准示意图

(6)供料船定位、供料。

供料船配置 6 口质量为 8t 的 HYD-14 大抓力锚,采用 6 台 50t 锚绞车定位。供料船在未铺设一侧横跨基槽方向布置,供料船与整平船之间保持 5m 以上距离,以避免供料船与整平船碰撞。供料船布锚时将整平船的锚缆绳放松,从而不影响供料船布锚,供料船布锚方法同整平船。

运料船运料至现场后,顺基槽布置,采用船头皮带机将石料供应到供料船上。由于石料运输船长度方向和水流垂直,受水流的影响很大,因此,加料时尽量选择高、低平潮流速小的时段进行。铺设作业施工时整平船、供料船锚位布置如图 3-32 所示。

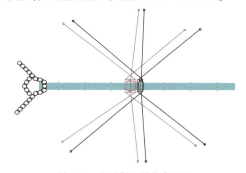

图 3-32　整平船组锚位布置图

整平船配备专用供料船,碎石垫层铺设石料供应过程为:石料通过皮带运输船运至现场并输送至供料船,经供料船皮带机抬升输送至整平船料斗,再经整平船皮带机 3 次抬升进入抛石管料口。石料供应示意图如图 3-33 所示。

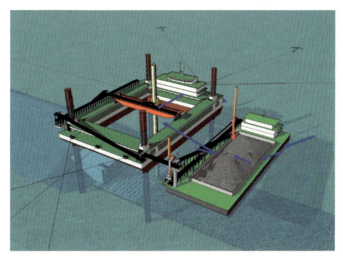

图 3-33　石料供应示意图

(7)碎石垫层铺设。

①铺设方向。

碎石底层铺设方向为沿沉管安装方向进行,可以避免少量浮泥被挤到对接端而无法清理,上层铺设方向亦为沿沉管安装方向。

②抛石管移动速度。

本船设计最大铺设速度为 5.0m/min。综合考虑施工进度计划要求及各层铺设精度要求等因素,底层碎石铺设抛石管行走速度为 2.5～3.0m/min,顶层碎石铺设抛石管行走速度为 2.0～2.5m/min,垫层验收抛石管行走速度为 4.0～5.0m/min,如图 3-34 所示。

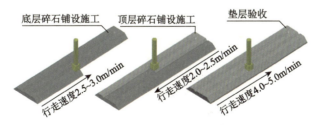

图 3-34　抛石管移动速度图

部分管节基槽存在超挖现象,碎石垫层实际铺设厚度大于 1.0m,为提高施工精度,可分三层进行铺设。底层碎石铺设抛石管行走速度为 2.5～3.0m/min,中层碎石铺设抛石管行走速度为 2.5～3.0m/min,顶层碎石铺设抛石管行走速度为 2.0～2.5m/min,垫层验收抛石管行走速度为 4.0～5.0m/min,如图 3-35 所示。

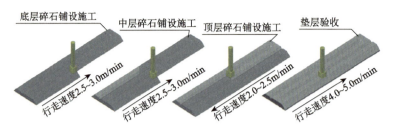

图 3-35　三层铺设抛石管移动速度图

③铺设作业。

a. 料位管理。

抛石管内设有料位计高低限位传感器,高限位传感器设置在距抛石管底部 9.5m 处,低限位传感器设置在距抛石管底部 6.1m 处,可实时掌控抛石管内料位高度。碎石铺设时,通过小车室高低限位显示报警来控制抛石管内石料高度,避免缺料或管内石料堆积过多,造成剧烈晃动。铺设时料位高度控制在 5~10m 之间。石料高低限位示意图如图 3-36 所示。

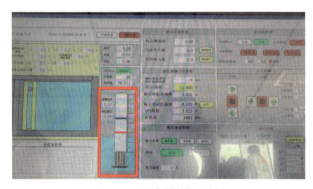

图 3-36　石料高低限位示意图

b. 铺设作业。

碎石垫层铺设是碎石通过抛石管移动进行的排出、铺设作业,抛石管的移动是通过行走大车和行走小车的纵移和横移实现的。碎石基床整平效果如图 3-37 所示。

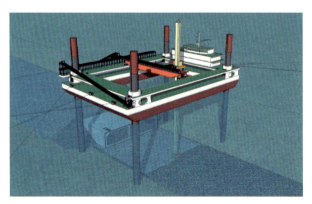

图 3-37　碎石基床整平效果图

c. 余料处理。

单个船位铺设施工完成后,抛石管内剩余石料在碎石垫层铺设区域外排出。为了尽量少浪费石料,在铺设结束前的最后阶段,要严格控制抛石管内碎石的高度,使之在铺设结束时料位高度控制在5m左右。余料排出路径平面示意图如图3-38所示,现场铺设作业如图3-39所示。

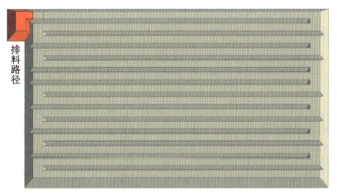

图3-38　抛石管内余料排出路径平面示意图

图3-39　现场铺设作业

(8)碎石垫层检测。

声呐受水深、水温、盐分浓度、浑浊度等因素的影响,易使测量值产生误差,因此,每次施工前都需要进行校准。首先安装声呐反射板,使用激光测距仪测量声呐与反射板的距离并记录,完成后下降抛石管至施工深度,通过调整校准声呐声速使测量值一致,将此声速应用于碎石垫层铺设使用声呐,如图3-40所示。

单个船位铺设完成后,需对碎石垫层的高程进行质量检测。检测分为抛石管底部声呐检测和多波束检测,抛石管底部声呐检测按照图3-41所示的检测线检测铺设碎石垫层的高程和纵坡。图中"①"表示横断面测量,检测碎石条带中心线的高程;"②"表示纵断面测量,检测碎石垫层纵坡和宽度。多波束扫测成果图如图3-42所示。

检测结束后,通过施工管理系统输出检测的横断面、纵断面检测报告。

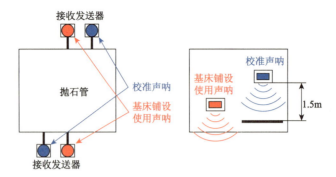

图 3-40　声呐校准示意图

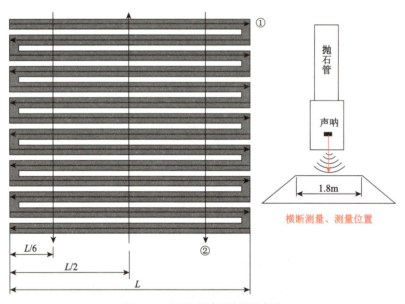

图 3-41　碎石垫层高程检测示意图

图 3-42　多波束扫测成果图

(9) 不合格处理。

当碎石垫层各项指标存在部分超出设计要求范围时,采用抛石管局部刮平处理或重新铺设。

(10) 整平船下降、拔桩、移位。

一个船位碎石垫层铺设完成并检测合格后,方可拔桩移船至下一船位。

整平船下降入水,通过船体浮力将4根桩腿拔出。若4根桩腿不能同时拔出,可先拔出一对角两根桩腿,随后再拔出另一对角两根桩腿。此时,一个船位碎石垫层铺设结束,移船至下一船位进行碎石垫层铺设。按上述施工步骤重复作业,直至一个管节碎石垫层铺设作业完成。整平船拔桩拖航至临时锚地待命。

3) 工效分析

标准管节长165m,共设置54条碎石垄,整平船一个船位整平14条碎石垄,一个标准管节分为4个船位,整平船每天可完成一个船位碎石基床整平,整平船进退场1d,进场后作业参数校准用时为1d,一个标准管节碎石基床整平耗时约6d。

4) 质量保证措施

(1) 对原材料料源供应商、运输路线、存放场地等进行详细考察,对其质量保证能力、质量符合性及稳定性进行评估,提前解决可能存在的问题。

(2) 进场材料严格按规定抽样、检验,并做好记录,保证可追溯性。

(3) 杜绝使用不合格原材料;对于检验不合格的材料,应立即进行标识、追溯、报告和处理。

(4) 在碎石垫层铺设前,采用多波束和潜水探摸方式确认回淤物及其厚度是否超出设计要求,超出设计要求时需进行清淤。

(5) 施工前需采用换手的方式对西人工岛控制点进行复核,确保控制高程及平面位置的准确性,复核记录应存档留底备查。

(6) 整平船进场前需多次比对测控系统精度,满足要求后方可进场施工。

(7) 关注整平船施工过程中的GPS信号情况,GPS信号失锁时须暂停施工。

(8) 整平结束后对整平船施工范围逐垄进行验收,并采用多波束进行扫测,将扫测结果与自检结果进行比对。

(9) 整平结束后采用潜水员探摸的方式对碎石垄顶回淤物进行确认,回淤厚度超出设计要求时,应采取必要的清淤措施。

3.3.3 半漂浮整平工艺

近几年来,随着沉管隧道施工技术的不断发展,沉管隧道的建设逐渐向着环境恶劣的外海、地质条件相对较差的海湾和内河地区发展,且往往需要对隧址位置地基进行加固处理,复合地基基础强度较高,但存在垂直方向强度不均匀的特性,整平船在插桩过程中存在较大的不确定性,桩腿在穿过软硬夹层过程中极有可能发生不同程度的"穿刺"问题。这样的插桩方式会对整平船桩腿使用寿命和船体的稳定性造成极大影响。为了提升整平船的安全性,在遇到插桩基础强度或地勘资料不全时,研究一种半漂浮施工工艺在保证船体安全条件下进行整平作业是非常有必要的。

在深中通道项目E1和E2管节碎石基床整平过程中,整平船插桩时出现了高频大幅"穿刺"问题,最大"穿刺"幅度达到了1.72m,"穿刺"次数相较港珠澳大桥沉管隧道多10倍以上。由于该区域DCM桩的分布、强度及承载能力均与整平船桩腿和抬升系统的能力及适应性存在较大的矛盾,插桩过程中DCM桩体发生破坏导致"穿刺"发生,可能影响整平船抬升机构使用寿命,甚至给整平船作业安全性带来极大隐患。船舶设计单位给出了"现阶段插桩作业存在非常大的风险,不可继续"的意见,因此,亟须通过其他方式解决"穿刺"问题。

针对深中通道工程所面临的DCM加固地基和基岩区插桩难题,创造性提出整平船半漂浮插桩整平施工工艺,以解决平台式整平船在复合地基区插桩所面临的高频大幅"穿刺"问题以及在基岩区所面临的桩腿侧滑和边坡滑塌等风险,拓展了平台式整平船的应用范围,为平台式整平船在地基承载力不足区域施工提供技术支撑。

1) 工艺思路及原理

半漂浮施工是平台船的一种全新的施工技术,其施工原理为:施工过程中保持船舶一定吃水,利用船体浮力降低船体对地基压力,避免破坏地基造成"穿刺";同时,在超压载和施工过程中动态调整压载水,解决面临的水流、波浪、潮汐等带来的问题。半漂浮施工思路原理示意图如图3-43所示。

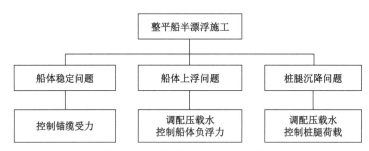

图3-43 半漂浮施工思路原理示意图

半漂浮施工过程中,同步建立半漂浮整平施工安全监测后处理系统,可对船体和桩腿的相对位移、船体的运动姿态以及桩腿倾斜和结构应力监测进行集成显示,将船体在风、浪、流作用下的运动姿态,船体和桩腿的相对位移、桩腿倾斜和桩腿结构应力,以动态显示的形式展示给指挥人员,为指挥人员作出决策提供可靠保障,确保施工顺利进行。

2) 可行性研究

(1) 平面稳定计算。

①水流力。

根据《港口工程荷载规范》(JTS 144—1—2010),可计算出整平船的水流阻力 $F_w = 767 \text{kN}$。

②风阻力。

根据中国船级社指导性文件《海上拖航指南(1997)》拖航过程中风阻力估算公式,风阻力 $R_a = 251 \text{kN}$。

③波浪力。

根据英国标准《海工建筑物》中的波浪力计算公式,在规则波作用下,平均漂移力 $F=80kN$。

综上,船体按照最不利工况计算,整平船最大受力为 1098kN。

整平船配置 14t AC-14 大抓力锚,锚缆直径为 52mm,锚绞车额定工作荷载为 490kN。全漂浮状态施工时整平船保持图 3-44 所示的锚缆角度,当锚缆受力最大为 441kN 时,可抵抗船舶所受风、浪、流所产生的合力,满足抗流要求。

(2)高程稳定计算。

根据 E1 和 E2 管节插桩过程中桩腿"穿刺"情况,当桩腿荷载不大于 17640kN 时,"穿刺"次数及"穿刺"幅度都比较小,综合考虑最大潮差为 3m 工况下的作业工效及减少

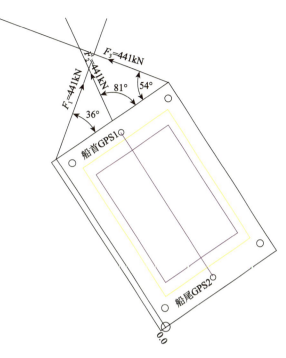

图 3-44 整平船锚缆位置关系图

"穿刺"次数和幅度的要求,暂定半漂浮施工插桩过程中最大桩腿荷载不大于 17640kN。在施工过程中,通过调整压载水量以抵抗潮位变化引起的船体浮力的变化,可保证船体及桩腿稳定。整平船船体结构示意图如图 3-45 所示。施工过程最大桩腿荷载控制在 7350~13720kN 之间。

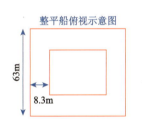 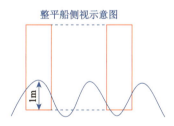

图 3-45 整平船船体结构示意图

同时,考虑 1m 波高对船体的浮拖力,计算过程如下:

波高为 1m 的波浪对单侧船体产生的上浮力:$F=5252.8kN$;

此时受波浪上浮力影响一侧的单根桩腿受力:$F=2626.4kN$。

施工过程中,单根桩腿所受支反力最小值为 2350kN(见压载水调整方案),远大于波浪上浮力 2626.4kN,因此,可确保整平船半漂浮工况不产生上浮。

(3)压载水调控计算。

为了保证船体在插桩完成后不发生下沉,通过控制插桩过程中的压载水及桩腿受力来进行。设 F_1 为插桩时单根桩腿最大荷载,F_2 为整平过程中单根桩腿最大荷载。

$F_1 = (船体荷载 + G_{插桩} - h_{插桩} \times 2000 \times 9.8)/4$

$$F_2 = (\text{船体荷载} + G_{\text{整平}} - h_{\text{整平}} \times 2000 \times 9.8)/4$$

$G_{\text{插桩}}$为插桩过程压载水重量,$G_{\text{整平}}$为整平过程压载水重量,$h_{\text{插桩}}$为插桩过程船体最小吃水高度,$h_{\text{整平}}$为整平过程船体吃水高度。

保证$F_1 > F_2$,即施工过程存在一定的超压载,才能保证施工过程中船体不出现下沉。

其中,船体荷载(78400kN)、船体插桩过程吃水产生的浮力($F_{\text{浮}} = h_{\text{插桩}} \times 2000 \times 9.8$)、$G_{\text{插桩}}$三个数值为定值,$G_{\text{整平}}$以及船体整平过程吃水产生的浮力$F_{\text{浮2}} = h_{\text{整平}} \times 2000 \times 9.8$为变量。

根据前期施工经验和试验,整平船在进行全抬升作业时发生"穿刺"厚度较大的部分多发生在桩腿受力大于17640kN的情况下,全抬升时插桩"穿刺"厚度与桩腿荷载统计散点图如图3-46所示,即半漂浮式插桩控制桩腿最终荷载小于17640kN。根据整平船压载水调整范围及施工海域潮位变化情况,取半漂浮插桩最终吃水为1.5m,插桩过程压载水质量为2000t,则$F_1 = (78400 + 2000 \times 9.8 - 1.5 \times 2000 \times 9.8)/4 = 17150(\text{kN}) < 17640(\text{kN})$。

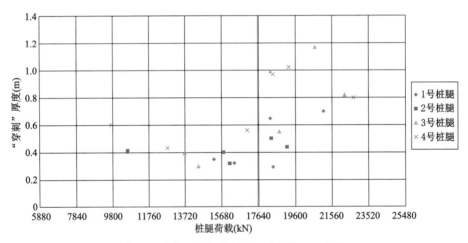

图3-46 全抬升插桩"穿刺"厚度与桩腿荷载关系图

F_1确定后,如表3-10所示,只需根据整平过程吃水大小控制整平过程压载水量即可满足条件。其中,最大地基压力为13230kN,满足$F_1 > F_2$。

施工过程压载水调整控制表　　　　表3-10

序号	船体吃水(m)	最小压载水量(t)	最大压载水量(t)	最小地基压力(kN)	最大地基压力(kN)
1	1.5	400	400	13230	13230
2	2.0	400	1400	10780	13230
3	2.5	800	2400	9310	13230
4	3.0	1000	3400	7350	13230
5	3.5	2000	4000	7350	12250
6	4.0	3000	4000	7350	9800
7	4.5	4000	4000	7350	7350

注:1. 最小压载水量控制在400t。根据实际吃水,压载水量控制在最小和最大压载水量之间。
　　2. 涨潮时,船体吃水达到2.0m时开始增加压载水,吃水达到4.0m之前压载水量加至4000t。
　　3. 落潮时,船体吃水达到3.5m时开始排放压载水,吃水达到2.5m时排至压载水量剩余800t。

为保证整平船能按照压载水调整表进行压载水调整,整平船配置4台压载水泵,每台压载泵效率为500t/h。外循环期间,采用2台压载泵进行加水作业;当压载水量大于800t后,切换至内循环,改用4台压载泵同时加载。

以从最低潮位开始进行调整为例,待船体吃水增加0.5m时(此时船体吃水2.0m),采用2台压载泵打入压载水400t;待船体吃水增加1m后(此时船体吃水2.5m,地基压力为9310kN),采用4台压载水泵打入压载水1600t,耗时约50min;待船体吃水再增加1m后(此时船体吃水3.5m,地基压力为8330kN),采用4台压载水泵打入压载水1600t,耗时约50min。

在保证整平过程中船体不下沉的同时,还需保证船体不出现上浮的趋势。

根据整平船作业条件,最大有效波高为1m时,波浪对单侧船体产生的上浮力为5252.8kN,受上浮力影响一侧的单根桩腿受力为2626.4kN。施工过程中单根桩腿所受支反力最小值为7350kN,远大于波浪上浮力2626.4kN,因此,可确保整平船半漂浮工况不产生上浮。

3)安全监测系统

整平船在半漂浮状态作业时,受到风、浪、水流和抛石整平大、小车行走等一系列动荷载的作用,会产生一定姿态变化和结构受力,过大的位移或结构受力超限会对整平船产生严重的结构损害,因此,在半漂浮整平施工过程中对船体的姿态、倾斜、结构受力等进行实时监测,可为现场施工提供预警,确保整平船的施工安全。

(1)半漂浮整平运动姿态监测。

①监测仪器和原理。

船体在水中运动共有纵荡、横荡、升沉、横摇、纵摇、艏摇六个自由度的运动,运动特性主要以船体相对初始状态的往复简谐运动为主。其中,五个自由度(纵荡、横荡、升沉、横摇、纵摇)主要通过姿态仪和倾角仪配合进行监测。

②监测点布置。

整平船纵荡、横荡和升沉三个自由度的监测通过姿态仪来实现,横摇、纵摇和艏摇则可通过陀螺仪配合进行监测。整平船姿态仪安装位置如图3-47所示。

在船体的船首中间和右侧角点位置各布置一个姿态仪,姿态仪便可实现船体(x,y)两个方向的加速度监测,这样就可对船体纵荡和横荡方向的加速度进行测试,加速度滤波积分后计算得到的位移量即为船体纵荡和横荡两个自由度的相对位移变化量。横摇、纵摇、艏摇的监测由倾角仪实现。监测点的布置时间为整平船半漂浮施工状态调整好、准备整平施工前的2~3h,利用这个短暂的窗口期进行仪器的安装。

(2)船体和桩腿相对位移监测。

船体和桩腿的相对变形需要进行实时动态监测,采用的测试仪器为磁致伸缩式位移传感器。

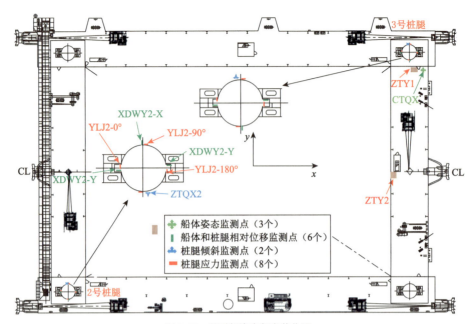

图 3-47　整平船姿态仪安装位置

桩腿与船体的相对位移通过磁致伸缩式位移传感器测量。将磁致伸缩式位移传感器分别设置在桩腿的 0°、90°和垂直方向上,分别代表纵荡、横荡和升沉三个方向的相对位移量。由于抬升框架和桩腿之间的空间有限,桩腿和抬升框架上不便进行固结,故在磁致伸缩式位移传感器下面设置了两个支座。改进后的磁致伸缩式位移传感器有两个支座支撑,如图 3-48 所示,支座 1 安装在桩腿径向方向上,上部带有磁环,桩腿产生位移则带动磁环在径向上发生移动;支座 2 安装在被测船体的抬升框架上,作为基准支座,顶部夹持磁致伸缩式传感器。桩腿与船体在纵荡、横荡和升沉三个方向的位移处各布置 1 个磁致伸缩式位移传感器,计 3 个监测点。监测点的布置时间为整平船半漂浮施工状态调整好、准备整平施工前的 2~3h,利用这个短暂的窗口期进行仪器的安装。

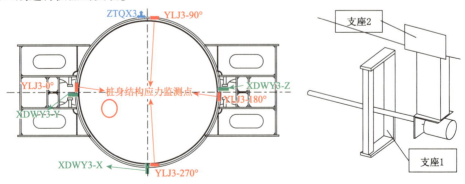

a) 3号桩腿监测项目汇总图　　　b) 磁致伸缩式位移传感器安装效果图

图 3-48　桩腿与船体相对位移监测现场安装示意图

(3)桩腿倾斜监测。

①监测仪器和原理。

桩腿的变形程度通过倾角仪实现实时监测。倾角仪是利用地球重力原理,当倾角单元倾斜时,地球重力在相应的摆锤上会产生重力的分量,相应的电容量会变化,通过对电容量进行放大、滤波、转化之后得出倾角。

②监测仪器布置。

由于抬升框架和桩腿之间的空间有限,且桩腿外露的空间有限,故只能将监测仪器安装在固桩块的上方,倾角仪的安装位置如图 3-49 所示。监测点的布置时间为整平船半漂浮施工状态调整好、准备整平施工前的 2~3h,利用这个短暂的窗口期进行仪器的安装。

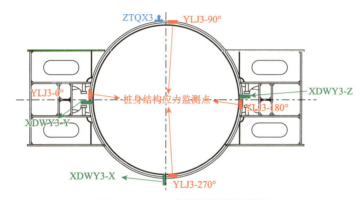

图 3-49 ZTQX3 倾角仪的安装示意图

(4)桩腿结构应力监测。

由于抬升框架和桩腿之间的空间有限,且桩腿外露的空间有限,故只能将监测仪器安装在固桩块的上方,沿着桩腿间隔90°布置1个应力监测仪,一个桩腿共布置4个。监测点的布置时间为整平船半漂浮施工状态调整好、准备整平施工前的 2~3h,利用这个短暂的窗口期进行仪器的安装。

4)半漂浮施工方法

以下施工步骤模拟的是在涨潮过程中的半漂浮插桩步骤:

(1)如图 3-50 所示,插桩前打入 2000t 压载水,同时下放 4 根桩腿至泥面(根据实测泥面高程提前调整桩腿下放长度,确保同时入泥)。

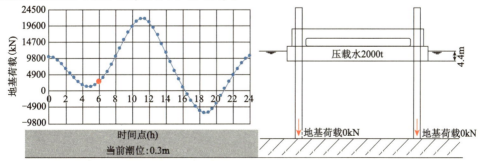

图 3-50 半漂浮插桩模拟施工步骤图(一)

(2)如图 3-51 所示,待船体出现倾斜时改为对角插桩。慢速抬升至船体吃水 2m 后稳定 10min,此时桩腿对地基压力为 14700kN。

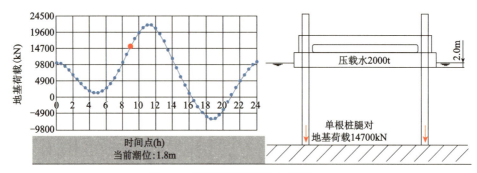

图 3-51　半漂浮插桩模拟施工步骤图(二)

(3)如图 3-52 所示,继续对角插桩,每抬升 10cm,稳定 5min。直至桩腿支反力达到 17640kN 或船体吃水为 1.5m[吃水 1.5m 时桩腿对地基压力为$(10000-1.5\times2000)\times9.8/4=17150$kN]。

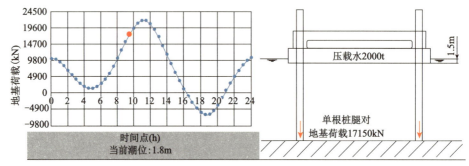

图 3-52　半漂浮插桩模拟施工步骤图(三)

(4)如图 3-53 所示,支反力达到 17640kN 或船体吃水达到 1.5m 后稳定 10min,观察桩腿底部高程无变化后,排掉压载水 1400t,稳定 10min。观察桩腿底部高程变化情况,此时桩腿对地基压力为$(10000-1400-1.5\times2000)\times9.8/4=13720$kN。

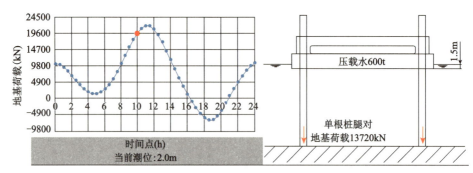

图 3-53　半漂浮插桩模拟施工步骤图(四)

(5)如图 3-54 所示,桩腿底部高程无变化后,行走大车和小车沿月池四周行走一圈(移动保持船体吃水为 1.5m,模拟施工过程中动荷载),确保大车和小车行走过程桩腿底部高程无沉降(若有沉降,调平后重复大车和小车动作)。

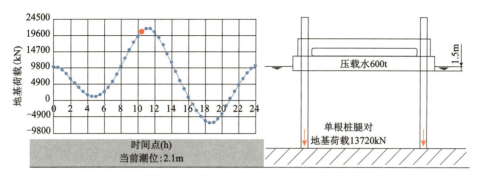

图 3-54　半漂浮插桩模拟施工步骤图(五)

(6)如图 3-55 所示,再排 200t 压载水,此时对地基压力为 13230kN,此时每根桩腿超压载 3920kN(涨潮期可省略此步骤)。

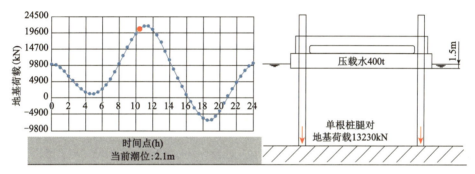

图 3-55　半漂浮插桩模拟施工步骤图(六)

(7)如图 3-56 所示,根据潮位调整船体吃水至施工高度(过程中根据压载水调整方案打入或排出相应压载水),船体吃水 = 1.5m + 当前潮位 − 单船位施工期间最低潮位。船体降至施工高度后开始施工。船体吃水调整至 1.5m + 2.2m + 0.7m = 4.4m。

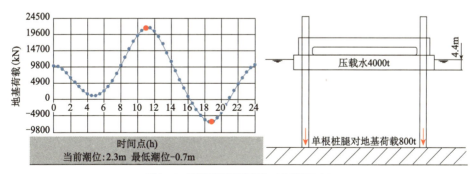

图 3-56　半漂浮插桩模拟施工步骤图(七)

(8)施工期间最大潮差约 3.0m,压载水调配原则如下:
①压载水量调整范围为 400 ~ 4000t。
②插桩阶段,压载水最大控制在 2000t,确保插桩过程桩腿对地基压力不超过 17640kN。

③施工阶段,根据船体吃水调整压载水量,控制单根桩腿对地基压力在 7350～13230kN 之间。

半漂浮碎石基床整平的其他步骤与全抬升施工一致,本书不再详述。

5) 应用成果

通过全面的技术研究、试验探索、应用验证以及优化完善,建立了外海复杂地质情况下平台式整平船半漂浮施工成套工艺,截至 2021 年 9 月,已经运用该项技术成功完成 E3～E5、E9～E12 沉管基础施工,各项施工指标均满足设计规范要求,主要获得了以下成果:

(1) 针对 DCM 区全抬升插桩"穿刺"次数多的问题,利用半漂浮施工工艺,降低了桩腿底部荷载,减少了"穿刺"次数,避免了大幅"穿刺"。

(2) 采用压载水调整体系,在整平过程中实现了船体不发生上浮、船体不发生下沉的目标。

(3) 通过对比全抬升作业窗口和进行半漂浮重载演练,提出了平台式整平船半漂浮施工的作业窗口。

(4) 通过理论计算以及对船体姿态、桩腿倾斜度等方面的监测,确保了整平过程中船机设备的稳定性。

(5) 利用半漂浮施工的特点,有效减小了船体在水中的挠度,在确保船机设备安全的情况下,也保证了整平的精度。

(6) 制定了半漂浮施工的作业窗口,即:最大波高 ≤ 0.8m,流速 ≤ 1.0m/s,风速 ≤ 10.7m/s。

半漂浮式碎石基床整平工艺在国内为首次应用。针对深中通道隧道地质条件较为复杂、E1～E5 管节 DCM 区整平船插桩时发生大量"穿刺"的情况,进行了半漂浮式碎石基床整平试验及 E3～E5、E9～E12 管节碎石基床整平试验。该工艺在不增加施工成本的基础上,能够成功解决高频"穿刺"问题,避免大幅"穿刺",同时适用于基岩区,规避了入泥浅和边坡不稳定等风险,其施工精度和效率较全抬升整平略有提升。

该工艺技术的成功应用,不仅可以满足 ±40mm 的整平质量标准,还可保护整平船桩腿,降低"穿刺"发生时对其影响,进而延长整平船的维修保养时间,具有极高的技术经济效益和实用价值,对于后续类似工程的投标有着深远的意义。同时,可提升企业在沉管隧道施工领域的国内竞争力,确保沉管隧道先铺法碎石基床整平施工的技术先进性。

3.3.4 漂浮整平工艺

1) 概述

下面以襄阳市鱼梁洲沉管隧道基础施工为例进行介绍。襄阳市鱼梁洲沉管隧道起点位于规划旭东路东侧,与东西轴线上跨大庆东路高架桥梁相连,两过汉江和下穿鱼梁洲后,东连东津新区横七路,止于纵四路西侧,与上跨纵四路的东西轴线高架桥梁连接,主线全长 5.4km,起讫桩号为 K9+080～K14+480。隧道工程主要包含樊城明挖隧道 314m、西汉沉管 351m、鱼梁洲暗埋段3580m、东汉沉管660m、东津明挖隧道495m。

基床整平所铺设卵石垫层厚0.8m,垫层顶面最终高程与隧道各管节结构底高程一致。卵石垫层设置V形槽,纵断面锯齿形,平面S形铺设。卵石垫层顶横向宽度为35.2m(结构宽31.2m,结构外缘线两侧各预留2m),单垄顶纵向宽度为1.2m,V形槽顶纵向宽度为0.6m,管节间大槽顶宽2.3~2.5m。

2)施工工艺

漂浮式整平施工工艺主要适用于流速≤0.5m/s、有效波高≤0.4m、波周期≤5s以及潮差较小海洋环境或内河中。

(1)施工装备。

碎石基床采用漂浮式整平船施工,该船在一艘平板驳上增加石料输送、抛石整平、船舶自动定位、质量检测等系统形成浮式整平船,船体布置图如图3-57所示,整平船现场照片如图3-58所示。抛石系统中,抛石管具备旋转功能,方便抛石系统的运输、拆装及抛石管底部装备的维修和标定。漂浮式整平船组主要包括浮式整平船、石料皮带运输船和石料中转平台,中转平台和抛石整平装置如图3-59所示。

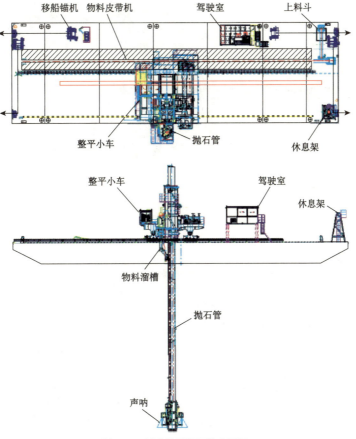

图3-57 浮式整平船船体布置图

图 3-58 浮式整平船现场照片

图 3-59 浮式整平船中转平台和抛石整平装置照片

(2)浮式整平施工工艺。

浮运整平施工工艺与抬升工艺类似,通过锚缆准确定位后,石料运输船靠泊整平船,石料通过石料中转平台过渡进入整平船料斗,再通过整平船上皮带系统进入抛石管,碎石基床高程通过抛石管顶部 GPS 和底部自动伸缩液压油缸控制至设计高程,行走过程造成的船体纵倾、潮差也通过抛石管底部自动伸缩液压油缸进行补偿,船舶纵倾也可通过压载水系统进行调平。因此,浮式整平通过降低速度来提高施工精度,速度一般控制在 1m/min 左右,整平精度达到 ±4cm,12d 可完成长 120.2m、宽 35.2m 的碎石基床整平施工。

第4章 回淤物特性研究

4.1 概 述

4.1.1 研究目的与意义

水下开挖基槽是近海工程中十分常见的施工形式,如沉管隧道工程、海底管道工程等都离不开基槽开挖,但由于基槽开挖的施工工期较长,基槽内难免会产生回淤沉积物。关于回淤沉积物的形成原因和条件,已达成了较为一致的认识,即细颗粒泥沙悬扬后,随水流运移到基槽内而落淤。黏性土悬沙在沉降过程中,由于絮凝作用,使得泥沙颗粒形成絮凝颗粒,达到一定浓度后絮凝聚集成蜂窝状高含沙絮团结构,并与上层水体间出现清晰界面,当浓度大到足以改变流变特性时,悬浮物变成沉积物;或者海床表层淤泥软化后在水平方向发生流动后聚集在一起,或者泥沙在大风浪作用下起动形成高含沙水体,然后在重力作用下向基槽内汇聚形成回淤沉积物。大量的回淤沉积物会严重影响工程的施工质量,因此,需根据现场情况制定相应的清淤标准。《重力式码头设计与施工规范》(JTS 167—2—2009)在条文中列出了"当基槽底含水率小于150%或重度大于$12.6kN/m^3$的回淤沉积物厚度大于0.3m时,应清淤"的规定。近些年来,随着我国海洋工程的不断发展,不同的工程对基槽的清淤标准也不同,很难采用同一标准进行控制。港珠澳大桥项目结合现场施工情况,制定了沉管隧道碎石垫层表面淤泥的清淤标准:淤泥重度$12.6kN/m^3$,回淤厚度达到4cm;淤泥重度$11.5kN/m^3$,回淤厚度达到8cm。近年来,随着我国沉管隧道工程的不断发展,越来越多的专家认为,基槽清淤的标准应该紧密结合现场实际情况确定,做到具体问题具体分析。

回淤淤泥作为非牛顿流体,流变特性是其基本特性之一,是表征淤泥细颗粒泥沙之间多重物理-化学内聚力和斥力的综合特性参数。因此,对于基槽内回淤沉积物的清除,首先必须明确沉积物的流变特性。

工程经验表明,沉积在基槽内的回淤沉积物由三部分组成(图4-1),上部为含水率高、粒径较小、重度较小的流泥和浮泥,中部为含水率、粒径、重度较适中的淤泥,下部为颗粒较大、含水率较大、重度较大的淤泥质土。对于以上三部分的土体,规范中均给出了相应的定义,如《水运工程岩土勘察规范》(JTS 133—2013)以及《水运工程地基设计规范》(JTS 147—2017)中将淤泥性土划分为淤泥质土、淤泥和流泥3个亚类(表4-1)。

第4章 回淤物特性研究

图 4-1 回淤沉积物的分布

淤泥性土分类   表 4-1

指标	土的名称		
	淤泥质土	淤泥	流泥
孔隙比 e	$1.0 \leqslant e < 1.5$	$1.5 \leqslant e < 2.4$	$e \geqslant 2.4$
含水率 $\omega(\%)$	$36 \leqslant \omega < 55$	$55 \leqslant \omega < 85$	$\omega \geqslant 85$

大量实践经验表明：淤泥具有结构强度、有附着力,流泥稍有结构强度、有附着力,二者呈现宾汉流体的特性,在一定挤压力作用时,可产生黏性的流动。其流变方程为：

$$\tau = \tau_0 + \eta \gamma \tag{4-1}$$

式中：τ——宾汉体的剪应力；

τ_0——宾汉体的屈服应力；

η——宾汉体的黏滞系数或刚性系数；

γ——宾汉体的速度梯度。

说明槽内沉积物在受到挤压力作用时,当挤压力超过其屈服强度后,会发生流动现象。根据 Macpherson 等的研究成果可知,其流动规律可由下式表示：

$$\begin{cases} \dfrac{\partial u}{\partial x} + \dfrac{\partial w}{\partial z} = 0 \\ \dfrac{\partial u}{\partial t} = -\dfrac{1}{\rho}\dfrac{\partial P}{\partial x} + \nu\left(\dfrac{\partial^2 u}{\partial x^2} + \dfrac{\partial^2 u}{\partial z^2}\right) \\ \dfrac{\partial w}{\partial t} = -\dfrac{1}{\rho}\dfrac{\partial P}{\partial z} + \nu\left(\dfrac{\partial^2 w}{\partial x^2} + \dfrac{\partial^2 w}{\partial z^2}\right) \end{cases} \tag{4-2}$$

式中：u、w——水平和垂直方向的速度；

x、z——水平和垂直方向；

t——时间；

ρ——土体的密度；

ν——等效运动黏度；

P——上部压力。

上述流动方程反映了淤泥性土的黏性流动过程,该过程同时也是能量损失的过程,可通过边界条件,最终确定淤泥流动过程中的能量损失情况,以此判断淤泥性土的最大流动距离,用以表征淤泥性土在压力作用下的清除特点。

针对淤泥的流变特性和清除特性,国内外开展了大量的研究,建立了众多流变模型。研究表明,淤泥黏性、剪切应力等流变参数与淤泥的粒径、重度、黏性土含量、含水率、环境中所含有的离子种类和数量及其海水温度、盐度等多因素有关,但迄今为止,对于海底淤泥的流变特性仍缺乏深入的研究和统一的认识。因此,工程中急需一种原位测试仪器,能够表征回淤淤泥的流变特性,并建立与之对应的理论分析方法,以达到基槽开挖工程中具体问题具体分析的目标。

为此,我们以深中通道沉管隧道工程的回淤物为研究对象,采用理论分析、数值模拟和大比尺模型试验等研究方法,以沉管隧道基槽回淤物的流变特性和清除特性为研究对象,建立一套分析其流变特性和清除特性的方法,有效指导工程施工,也为后续的工程提供数据支持。

4.1.2 国内外研究现状

近年来,随着沉管隧道在水下跨海通道工程中的广泛应用,国内外诸多学者针对回淤物的回淤沉积特性、流变特性和挤压特性等展开了研究。

1)回淤沉积特性

2012年,辛文杰等人依据港珠澳大桥沉管隧道试挖槽现场实测的17组水下地形资料,并结合 γ-射线密度仪在试挖槽基槽及边坡进行的浮泥重度探测结果,对试挖槽的泥沙回淤特征进行分析,得到了试挖槽回淤的速率变化及其分布特征。2012年,曹慧江和肖烈兵对港珠澳大桥开挖基槽附近的回淤物开展研究,发现基槽回淤主要集中分布于基槽底部,两侧虽存在回淤但回淤强度低于槽底;基槽开挖后的年淤积厚度在1.3~2.8m之间。2015年,何洁等人通过挖取试验槽,用17组水下地形测量数据和流体泥浆、淤泥单位重量的测量结果得到了试验槽的回淤物沉积速率的变化情况及其分布特征,8个月平均淤积1.23m,其中3个月低潮期的淤积厚度为0.40m,4个月洪水期的淤积厚度为0.74m,汛期一个月后淤积0.09m。2018年,杨华和韩西军等人对港珠澳大桥沉管隧道E15管节施工过程中由于基槽异常回淤造成的巨大损失进行了分析,厘清了异常回淤的机理,提出了基于等效潮差的基槽回淤计算原理。

深中通道项目管理中心组织相关单位开展了试挖槽试验,试验显示:槽底累计回淤厚度达3.21m,回淤强度0.9cm/d。2016年5月31日至2016年9月25日(洪季),试挖槽槽底呈持续回淤状态,累计回淤厚度达2.94m,扣除台风影响的累计厚度为2.26m,回淤强度为1.9cm/d。2016年11月15日至2017年5月10日(枯季),试挖槽槽底累计回淤厚度为0.43m,回淤强度为0.2cm/d。试挖槽淤积与回淤泥沙主要来源于试挖槽上游方向,淤积形式为悬沙落淤。2017年6—8月,深中通道对试挖槽进行了浚挖,形成槽底尺寸150m×50m、底高程为-20m的试挖槽,在槽底开展了三种粒径(20~40mm、20~60mm、50~60mm)的碎石垫层铺设和为期22d的回淤观测。观测结果表明:①试挖槽水域底部平均含沙量为0.067kg/m³,大潮时为0.1kg/m³,小潮时基本在0.02~0.04kg/m³之间;试挖槽淤积主要以悬沙落淤为主;碎石基床铺设后在台风前的淤强为1.0~1.4cm/d,"天鸽"台风期淤强为6.2cm/d;②回淤监测期间试挖槽边坡保持稳定,未出现明显的冲刷滑塌;③20~40mm粒径碎石基床的纳淤厚度为8~13cm,纳淤能力相对较差;20~60mm和50~60mm粒径碎石基床的纳淤厚度均超过20cm,纳淤能力相对较好。

2)回淤流变特性

1922 年,Bingham 的著作《流变与塑性》(《Fluidity and Plasticity》)出版。1928 年,美国流变学会(Rheologial Society)正式成立。如今,流变主要研究的是应力-应变-时间三者之间的关系,总结其中的规律,根据规律建立符合其流变特性的本构方程,并将所建立的本构方程应用于实际工程问题中,由此解决流变所带来的影响。土是一种由土颗粒、水和气组成的三相体介质,具有一定的黏滞性,它所产生的流变特性,并不是简单的应力-应变-时间的函数关系。在实际工程中,土体的流变性主要表现为:①在恒定应力作用下,变形随着时间的变化而增加;②变形不变的条件下,应力随时间而衰减;③不同的应变或加载速率下,土体表现出不同的应力-应变关系和强度特性;④土体的抗剪强度随时间变化,即长期的强度不等于瞬时或短时强度。

针对土体的流变问题,国内外的研究学者们主要侧重土体的本构模型的建立、本构方程的解析和工程应用三个层面。①本构模型的建立:根据土的应力-应变-时间之间的函数关系建立本构方程,使得本构方程能够准确反映土的流变特性,为了便于在实际工程中应用,应该尽可能用较少的参数表征本构方程;②本构方程的解析:包括解析解和数值解,针对简单的流变模型可得到其解析解,但随着计算机算法的发展,流变问题的解决越来越多地采用了数值解,包括有限元法、无限元法、边界元法、拉格朗日元法和有限差分法等;③工程应用:当建立合适的本构模型后,可以有效解决工程中出现的各种同土体流变相关的问题。

1963 年,Krone 对美国东海岸和西海岸 7 个不同海岸地区的泥浆样品进行了黏度测试。结果表明,浓度(按质量计算)在 10~110g/L 之间的泥浆表现符合宾汉体的特性,屈服应力、黏度均与浓度有关。1984 年,Richard W. Faas 对巴西东北大陆附近的泥浆进行了研究,试验发现泥浆在处于低密度状态时呈现出完全假塑性,剪切速率较小时,表观黏度也很小;在较高剪切速率下,密度较高的试样,剪切能有效地将试样的表观黏度提高 3 倍;在悬浮液浓度超过 $1.20 \times 10^3 kg/m^3$ 时,表现为宾汉体特性,产生显著的屈服应力。1987 年,Mei Chiang C. 和 Liu Ko-Fei 研究了高浓度泥浆的非牛顿特性,即剪切应力超过临界的屈服应力值时才发生剪切应变,并且研究了清水层下的薄泥在波浪诱导下的运动规律。1990 年,美国学者 Richard W. Faas 和 Wells 对美国北卡罗来纳州望角湾中央盆地的泥浆进行了研究,通过现场剪切强度测量,泥浆屈服应力随悬浮液密度变化,当悬浮液密度在 $1.20 mg/m^3$ 时,其屈服应力大约为 0.14kPa。大多学者认为泥浆作为塑性物质流变性的下限为阿太堡液限。Richard W. Faas 在 1991 年提出了泥浆作为塑性物质流变性的上限取决于受阻沉降曲线斜率发生变化时悬浮液含水率;悬浮液从非结构状态向结构状态转变时的含水率与悬浮液从流体支承状态向颗粒支承状态转变时的含水率之间存在明确的对应关系,同时证明了使用临界屈服应力来确定泥浆黏度方法的合理性。1994 年,呼和敖德等人采用 RM-605 旋转式流变仪对于连云港西墅地区的淤泥进行了流变特性的研究,得出淤泥在不同剪切速率下有 3 种流变特性的结论:在剪切速率极低条件下,淤泥剪切力基本维持在一个定值;在低剪切速率下,表现为宾汉体,屈服应力和宾汉黏性系数呈指数增长;在高剪切速率下,淤泥流动体现出宾汉体的塑性特征。

2002 年,张庆河、王殿志和赵子丹将淤泥当作线性黏弹体,通过室内试验对比了自然沉积淤泥与扰动淤泥的流变特性,经过大量的水槽试验发现,在相同的平均密度下,自然沉积淤泥的弹性模量约为扰动后淤泥的 4 倍;对于黏滞系数,自然淤泥随密度增大而减小,但是扰动淤泥会随密度增大而增大。2009 年,Allen H. Reed 等人对巴西帕图斯潟湖近海的泥浆沉积物配制泥浆以及原位的泥浆进行试验,对密度在 1.05～1.30g/cm³ 之间的混合泥浆样品进行了流变学评价,分别在泥浆初始变形前、变形中和变形后进行了强度测定,认为泥浆具有真实的初始屈服应力和上宾汉屈服应力,初始屈服应力范围为 0.59～2.62Pa,上宾汉屈服应力范围为 1.05～7.6Pa,表观黏度范围为 0.02～4.7Pa·s。在应力值超过宾汉屈服应力后,泥浆表现更加趋向为宾汉体,剪切应力与剪切速率呈现一种线性关系。2010 年,Richard W. Faas 用巴西南部卡西诺海滩浅海深处的 35 个流体泥浆样品、美国阿查法拉亚泥流的 28 个流体泥浆样品和美国北卡罗来纳州纽斯河口的 11 个样品,对三种不同河口和近岸海岸环境的流体泥浆悬浮物流变学进行了分析。研究发现,牛顿体和非牛顿体的泥浆虽然剪切速率不同,但表现出总体的黏性关系、屈服应力、表观黏度和流动特性几乎是相同的,只需要将泥浆认为是一般的流变行为模式,当作牛顿流体分析即可。刘春嵘等人在 2014 年提出了一个简单的数学模型,该模型假定流体的应力与应变之间的关系满足双宾汉塑性模型,在该模型中得到两个屈服应力值 τ_1 和 τ_2,分别代表低剪切速率区域和高剪切速率区域的屈服应力值;同时,对连云港天然泥样进行试验研究,最终发现将参数 τ_2 定义为流体泥浆屈服应力是合理的。2018 年,Gaudio P. D. 和 Ventura G. 对富水(40%～60%)粉质黏土和粉砂的混悬液进行了流变学试验测量,试验分析了不同粉砂比、不同含水率的悬浮液在不同剪切速率下的流动特性。试验数据表明,在较低的剪切速率下,悬浮液组织呈颗粒链;而在较高的剪切速率下,这些颗粒链断裂,从而增加黏度。对于黏土与砂土混合试样,其黏度、稠度和屈服应力随砂土颗粒含量的增加而降低,普遍应用于黏土砂土淤泥悬浮液的宾汉模型是合理的;然而对于较高浓度的悬浮液,可以用赫歇尔-巴克利非线性流变模型来描述。2019 年,张瑞波和庞启秀对淤泥流变试验的影响因素进行了探究,采用控制剪切速率和剪切应力两种模式进行分析。结果表明,无论采用哪种方式,剪切力与淤泥的密度均存在良好的函数关系。剪切速率一定时,淤泥密度越大对应的剪切力也越大,同时温度与淤泥静置时间也会对淤泥的流变特性产生显著影响。所以,为了更好地研究不同状态下的淤泥,应该选择一个拟合度高且简单的流变模型,这样不仅可以用最少的参数准确地描述淤泥流变行为,还可以通过简便的试验方式获得合理的流变参数。

3) 淤泥的挤压特性

1992 年,杨光煦总结了压载挤淤方法与结构特点,将挤淤形式分为整式压载挤淤和散式压载挤淤两种;计算出整式挤淤中填筑体厚度与被挤压淤泥厚度的关系,同时应用离心机试验获取了大量现场施工试验的数据,认为利用压载挤淤有利于降低工程成本并缩短工期。2014 年,汪洪星、杨春和等人发现现阶段计算挤淤深度的公式中没有考虑淤泥层厚的影响。在低荷载作用下,挤淤深度会随着淤泥层厚度的变化而发生改变。此外,他们还研究了在大高度堆载条件下的挤淤,并结合数值模拟方法计算挤淤最终深度,最后通过实际工程证明了该方法的正确性。2014年,浙江大学魏纲等人对舟山沈家门港的回淤进行采样,并分别进行沉降试验和压缩试验,从沉积速度和初始沉积层强度方面对海底回淤进行评价,然后进一步研究回淤荷载对基础沉降的影响。通过沉降试验发现,泥沙密度越大,最终沉降量越大,稳定时间越短;压缩试验的结果表明回淤土的压缩性较好。

以深中通道沉管隧道基槽内的淤泥回淤物为研究对象,通过开展理论分析和室内大比尺模型试验,明确淤泥回淤物的流变特性及挤压清除特性,确定沉管隧道水下回淤物在压力作用下的应力-应变关系,建立表征其流变特性的本构模型。

4.2 理论分析研究

4.2.1 回淤物的本构关系模型

1) 淤泥流变模型的数学物理方程

回淤物含水率很高,在宏观上表现出液态可流动的特征,同时又具有一定抵抗变形的固体性质,这种物体被称为宾汉体。当上部压力为 p 时,根据固体力学理论,沉管底部回淤物实际受到剪应力的作用。宾汉流态回淤物在受到剪切作用时,其物理状态常用图4-2所示的流变模型来表示:在屈服前将表现出黏弹性体的特性;当受到的剪切力超过屈服应力 τ_y 后,回淤泥将出现明显的流动变形,处于非稳定状态的黏塑流动特性。其中,G_e 表示弹簧系数,η_e 和 η_p 分别表示黏弹塑性部分和黏塑性部分的黏壶黏滞系数,E_e 表示弹性模量。

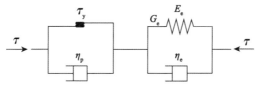

图4-2 流塑态吹填土黏弹塑性流变模型

对于宾汉流态回淤淤泥而言,受到的剪应力未达到屈服应力前表现出黏弹性体特性产生部分弹性变形和一定量的塑性变形,通过黏壶和弹簧并联来表示。当剪应力超过屈服应力后,土体开始发生明显的塑性流动变形,表现出黏塑性特征,因此黏塑性部分可采用圣维南体和黏壶并联表示。将两部分模型串联起来,即为宾汉流态回淤土的黏弹塑性流变本构模型。

对于宾汉流态吹填土而言,受到的剪应力未达到屈服应力前不会流动,表现出黏弹性体特性,可通过黏壶和弹簧并联来表示。当剪应力超过屈服应力后,土体开始发生流动变形,表现出黏塑性或黏弹塑性特征,因此,黏塑性部分可采用圣维南体和黏壶并联表示。将两部分模型串联起来,得到表示宾汉流态吹填土的黏弹塑性流变本构模型。

当剪应力小于剪切屈服强度时,模型中仅黏弹性部分工作,流变方程为:

$$\tau = E_e \gamma + \eta_e \frac{d\gamma}{dt} \tag{4-3}$$

当剪应力大于剪切屈服强度时,模型中黏弹性和黏塑性两部分同时工作。对于两个串联的模型元件,黏弹性和黏塑性部分受到的剪应力是一致的,即:

$$\tau = \tau_e = \tau_p \tag{4-4}$$

式中:τ_e、τ_p——黏弹性部分和黏塑性部分的剪应力。

对于剪应变部分,流塑态吹填土的总剪应变等于黏弹性部分的剪应变和黏塑性部分的剪应变之和,即:

$$\gamma = \gamma_e + \gamma_p \tag{4-5}$$

式中:γ_e、γ_p——黏弹性部分和黏塑性部分的剪应变。

对式(4-5)分别求一阶导数和二阶导数,可得到剪应变率与剪应变加速度分别为:

$$\frac{d\gamma}{dt} = \frac{d\gamma_e}{dt} + \frac{d\gamma_p}{dt} \tag{4-6}$$

$$\frac{d^2\gamma}{dt^2} = \frac{d^2\gamma_e}{dt^2} + \frac{d^2\gamma_p}{dt^2} \tag{4-7}$$

为方便表示,记 $\dot{\gamma} = \frac{d\gamma}{dt}$,$\ddot{\gamma} = \frac{d^2\gamma}{dt^2}$,则式(4-6)和式(4-7)可写为:

$$\dot{\gamma} = \dot{\gamma}_e + \dot{\gamma}_p \tag{4-8}$$

$$\ddot{\gamma} = \ddot{\gamma}_e + \ddot{\gamma}_p \tag{4-9}$$

对于黏弹性部分来说,其剪应变率可表示为:

$$\dot{\gamma}_e = \left(\frac{\tau_e - E_e \gamma_e}{\eta_e}\right)^{\frac{1}{N}} \tag{4-10}$$

相应的黏弹性剪应变加速度 $\ddot{\gamma}_e$ 为:

$$\ddot{\gamma}_e = \frac{1}{N} \left(\frac{\tau_e - E_e \gamma_e}{\eta_e}\right)^{\frac{1-N}{N}} \left(\frac{\dot{\tau}_e - E_e \dot{\gamma}_e}{\eta_e}\right) \tag{4-11}$$

式中:N——流动指数,表征流体类型;

$\dot{\tau}_e$——剪应力率,$\dot{\tau}_e = \frac{d\tau_e}{dt}$。

对于黏塑性部分来说,其剪应变率可表示为:

$$\dot{\gamma}_p = \frac{\tau_p - \tau_y}{\eta_p} \tag{4-12}$$

同样,通过对式(4-12)两边进行求导,可得到黏塑性剪应变加速度 $\ddot{\gamma}_p$ 为:

$$\ddot{\gamma}_p = \frac{\dot{\tau}_p}{\eta_p} \tag{4-13}$$

式中：$\dot{\tau}_p$——黏塑性剪应力率，$\dot{\tau}_p = \dfrac{d\tau_p}{dt}$。

将式(4-12)代入式(4-8)，可得到黏弹性剪应变率为：

$$\dot{\gamma}_e = \dot{\gamma} - \left(\frac{\tau_p - \tau_y}{\eta_p}\right) \tag{4-14}$$

联立式(4-10)和式(4-14)并进行变形后，可得到下列关系式：

$$\left(\frac{\tau_e - E_e \gamma_e}{\eta_e}\right)^{\frac{1-N}{N}} = \left[\dot{\gamma} - \left(\frac{\tau_p - \tau_y}{\eta_p}\right)\right]^{1-N} \tag{4-15}$$

将黏弹性部分和黏塑性部分的剪应变加速度合并，可得到流塑态吹填土在剪切作用下的剪应变加速度为：

$$\ddot{\gamma} = \frac{1}{N}\left(\frac{\tau_e - E_e \gamma_e}{\eta_e}\right)^{\frac{1-N}{N}}\left(\frac{\dot{\tau}_e - E_e \dot{\gamma}_e}{\eta_e}\right) + \frac{\dot{\tau}_p}{\eta_p} \tag{4-16}$$

将式(4-14)和式(4-15)代入式(4-16)，可得：

$$\ddot{\gamma} = \frac{1}{N}\left[\dot{\gamma} - \left(\frac{\tau_p - \tau_y}{\eta_p}\right)\right]^{1-N}\left\{\frac{\dot{\tau}_e}{\eta_e} - \frac{E_e}{\eta_e}\left[\dot{\gamma} - \left(\frac{\tau_p - \tau_y}{\eta_p}\right)\right]\right\} + \frac{\dot{\tau}_p}{\eta_p} \tag{4-17}$$

考虑到串联的特性，黏弹性和黏塑性两部分的剪应力相等，则式(4-17)可改写为：

$$\ddot{\gamma} = \frac{1}{N}\left[\dot{\gamma} - \left(\frac{\tau - \tau_y}{\eta_p}\right)\right]^{1-N}\left\{\frac{\dot{\tau}}{\eta_e} - \frac{E_e}{\eta_e}\left[\dot{\gamma} - \left(\frac{\tau - \tau_y}{\eta_p}\right)\right]\right\} + \frac{\dot{\tau}}{\eta_p} \tag{4-18}$$

由此，综合式(4-11)与式(4-18)，可得到描述流塑态吹填土流变本构关系的模型表达式为：

$$\ddot{\gamma} = \begin{cases} \dfrac{1}{N}\left[\dot{\gamma} - \left(\dfrac{\tau - \tau_y}{\eta_p}\right)\right]^{1-N}\left\{\dfrac{\dot{\tau}}{\eta_e} - \dfrac{E_e}{\eta_e}\left[\dot{\gamma} - \left(\dfrac{\tau - \tau_y}{\eta_p}\right)\right]\right\} + \dfrac{\dot{\tau}}{\eta_p}, & \tau > \tau_y \\ \dfrac{1}{N}\left(\dfrac{\tau - E_e \gamma}{\eta_e}\right)^{\frac{1-N}{N}}\left(\dfrac{\dot{\tau} - E_e \dot{\gamma}}{\eta_e}\right), & \tau \leq \tau_y \end{cases} \tag{4-19}$$

式(4-19)所示为流塑态吹填土普适性流变模型表达式。针对稳态静力剪切状态，对式(4-19)进行简化，令 $\dot{\tau} = 0$，黏塑性部分 $\dot{\gamma} = 0$。假定吹填土在黏弹性阶段的弹性变形瞬时完成，在剪应力达到剪切屈服应力前，剪应变的增量为其黏性部分增量。根据上述假定，令黏弹性部分的弹性剪应变对应项为常数，即：

$$\tau_{e0} = E_e \gamma \tag{4-20}$$

式中：τ_{e0}——弹性起始应力。

另外，黏弹性部分的黏度 η_e 远大于黏塑性部分黏度 η_p，剪应力超过剪切屈服应力后，黏塑性部分在同样的剪应力作用下会产生更显著的剪应变。因此，假定剪应力超过屈服应力后，吹填土的剪应变增量等于黏塑性部分剪应变增量，而黏弹性部分剪应变在黏弹性阶段全部完成，且等于剪切屈服应力对应的剪应变，即：

$$\dot{\gamma}_e = \dot{\gamma}_y = \left(\frac{\tau_y - E_e \gamma_e}{\eta_e}\right)^{\frac{1}{N}} \tag{4-21}$$

式中：γ_e、$\dot{\gamma}_e$——屈服应力对应的弹性剪应变和剪切速率；

$\dot{\gamma}_y$——屈服应力对应的屈服剪切速率。

根据上述假定，将式(4-20)与式(4-21)代入式(4-19)并化简后，可得到适用于稳态静力剪切状态下的流塑态吹填土流变本构模型表达式，如式(4-22)所示，相应的流变模型曲线如图4-3所示。

$$\dot{\gamma} = \begin{cases} \left(\dfrac{\tau_y - \tau_{e0}}{\eta_e}\right)^{\frac{1}{N}} + \left(\dfrac{\tau - \tau_y}{\eta_p}\right), & \tau > \tau_y \\ \left(\dfrac{\tau - \tau_{e0}}{\eta_e}\right)^{\frac{1}{N}}, & \tau \leqslant \tau_y \end{cases} \tag{4-22}$$

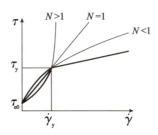

图4-3 流塑态吹填土流变模型图

2）淤泥在挤压状态下的运动本构方程

假定抛石基床上面回淤淤泥的厚度为H，沉箱或沉管隧道为矩形，匀速下沉，速度为v，引起作用在回淤淤泥上的荷载为刚性荷载，荷载强度为p。为了便于求解，对于矩形基础，可近似简化为宽度为$2B$的条形基础，按平面应变问题求解，如图4-4所示。

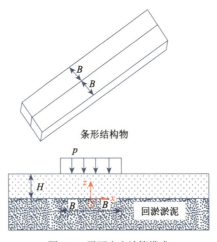

图4-4 平面应变计算模式

(1)平衡方程。

平衡方程是一切经典力学必须满足的力的平衡。平面应变问题的平衡方程为：

$$\frac{\partial \sigma_x}{\partial x} + \frac{\partial \tau_{xz}}{\partial z} = 0 \tag{4-23}$$

式中：σ_x——平面应变问题的水平向法向压应力；

τ_{xz}——平面应变问题的剪应力。

在安装状态下，沉管隧道与抛石基床之间的回淤淤泥的厚度介于几厘米和几十厘米之间，相对于几十米宽的沉管隧道是相当小的，因此，对于沉箱或沉管隧道，可以假定压强 p 仅沿水平向或径向变化，与纵坐标无关。则平面应变问题的平衡方程可以变成：

$$\frac{\mathrm{d}p}{\mathrm{d}x} = \frac{\partial \tau_{xz}}{\partial z} \tag{4-24}$$

式中：p——结构对淤泥施加的压强分布。

(2)连续性方程。

水下回淤淤泥可以认为处于水饱和状态，即土孔隙中充满水。假定水和土颗粒无法压缩，则土体的压缩量等于被挤出的水量，由此可以得到连续性方程。

对于平面应变问题，有：

$$\frac{\partial v_x}{\partial x} + \frac{\partial v_z}{\partial z} = 0 \tag{4-25}$$

式中：v_x、v_z——淤泥沿 x、z 方向的流速。

为方便了解方程，以下将屈服应力 τ_y 记为 τ_0，将黏弹性黏滞系数 η_e 记为 η_0，将黏塑性黏滞系数 η_p 记为 η_1，于是得到回淤淤泥的双黏滞系数的本构方程。

对于平面问题，其本构方程为：

$$\begin{cases} \tau_{xz} = \eta_0 \dot{\gamma} = \eta_0 \dfrac{\partial v_x}{\partial z}, & |\tau_{xz}| < \tau_0 \\ \tau_{xz} = \mathrm{sgn}\left(\dfrac{\partial v_x}{\partial z}\right)\tau_0 + \eta_1 \dfrac{\partial v_x}{\partial z}, & |\tau_{xz}| < \tau_0 \end{cases} \tag{4-26}$$

式中：$\mathrm{sgn}(x)$——变量 x 的正负符号；

τ_0——屈服应力；

η_0、η_1——黏弹性和黏塑性黏滞系数；

γ——剪切应变；

$\dot{\gamma}$——剪切应变速率。

当 $\eta_0 \gg \eta_1$ 时，可以近似认为该模型可按宾汉体处理。

4.2.2 回淤物流变特性的解析解

当沉管在沉积淤泥中等速下沉时，可以导出沉管下淤泥作为宾汉体流动的规律。为此，需要确定问题的边界条件、初始条件等求解条件。

1) 初始条件和边界条件

(1) 淤泥与抛石基床的接触面。

回淤淤泥与抛石基床接触处，由于接触面比较粗糙，摩擦力较大，导致流体无法在水平向流动，因此，平面应变问题的该位置边界条件为：

$$\begin{cases} v_x \big|_{z=0} = 0 \\ v_z \big|_{z=0} = 0 \end{cases} \tag{4-27}$$

(2) 淤泥与沉箱接触面。

回淤淤泥与沉管接触面，由于沉箱底面相对于抛石基床来说比较光滑，故假定边界条件如下：

$$\begin{cases} \dfrac{\partial v_x}{\partial z} \big|_{z=H} = 0 \\ v_z \big|_{z=H} = -V \end{cases} \tag{4-28}$$

2) 偏微分方程的解

通过对基本方程和边界条件求解，可以得到淤泥的速度分布及沉管底板受到的阻力。

(1) 变量的无量纲化。

为了方便，将问题的变量进行无量纲化，定义如下：

$$\begin{cases} \tilde{x} = \dfrac{x}{H} \\ \tilde{z} = \dfrac{z}{H} \\ \tilde{B} = \dfrac{B}{H} \\ \tilde{v}_x = \dfrac{v_x}{V} \\ \tilde{p} = \dfrac{p}{\tau_0} \\ \tilde{p}_a = \dfrac{p_a}{\tau_0} = \dfrac{P}{A\tau_0} \\ \lambda = \dfrac{\eta_1}{\eta_0} \\ d = \dfrac{\eta_1 V}{\tau_0 H} \end{cases} \tag{4-29}$$

式中：x——平面问题的水平坐标；

z——纵向坐标;

H——淤泥厚度;

B——平面应变问题沉管底板宽度的一半;

v_x——平面应变问题的水平向速度;

p——沉管底板对淤泥的压强;

τ_0——淤泥的屈服应力;

p_a——沉管底板施加的平均压强;

P——总荷载;

A——沉管底板的面积;

η_0、η_1——淤泥在屈服前和屈服后的黏滞系数;

λ、d——自定义系数。

(2)解的分界点。

由于解在不同区域的表达式不同,故需要确定区域的分界点。沿 x 或 r 方向分为两段,第一段($\tilde{x} \leq \widetilde{B}_0$ 时),淤泥沿整个深度都处于式(4-26)或式(4-27)本构方程状态;第二段($\tilde{x} > \widetilde{B}_0$),此段部分深度淤泥处于式(4-26)或式(4-27)本构方程状态。

对于平面应变问题:

$$\widetilde{B}_0 = \frac{\lambda}{3d} \tag{4-30}$$

(3)水平向速度分布。

当 $\tilde{x} \leq \widetilde{B}_0$ 时:

$$\tilde{v}_x = \frac{3}{2}\tilde{v}(1 - \tilde{z}^2) \tag{4-31}$$

当 $\tilde{x} > \widetilde{B}_0$ 时:

$$\tilde{v}_x = \begin{cases} \dfrac{1}{d}\left[\dfrac{6d\tilde{x}+3}{4}(1-\tilde{z}^2) + (\tilde{z}-1)\right], & \tilde{t}_x < \tilde{z} \leq 1 \\[2mm] \dfrac{1}{d}\left[\dfrac{6d\tilde{x}+3}{4}(1-\tilde{z}^2\lambda+\tilde{t}_x^2\lambda-\tilde{t}_x^2) + (\tilde{t}_x-1)\right], & \tilde{z} \leq \tilde{t}_x \end{cases} \tag{4-32}$$

式中:

$$\tilde{t}_x = \frac{2}{6d\tilde{x}+3} \tag{4-33}$$

4.2.3 回淤物流变特性的仿真分析

1) 概述

在沉管下放过程中,淤泥受到沉管施加的竖向荷载而产生明显的流动,产生极大的变形和位移,传统的拉格朗日分析方法由于单元极大的变形和较大的塑性而造成收敛困难,难以计算。因此,采用 ABAQUS 软件中的 CEL(Coupled Eulerian-Lagrangian)计算技术进行计算。

传统的拉格朗日分析中,节点与材料相互绑定,材料随着单元的变形而变形。对于拉氏网格而言,总是被一种单一材料 100% 填充,因此,单元边界总是与材料边界相重合。传统的拉格朗日方法是一种依赖网格变形的计算方法,通过求解单元节点位移得到准确的力学结果,但此类大变形问题会存在极大的单元变形,造成收敛困难,因而无法模拟。纯粹的欧拉分析方法主要应用于流体力学分析中,网格节点被固定在空间中,材料在不变形的网格内自由流动。在欧拉网格内并不一定 100% 充满某一种材料——可能只有部分充满甚至没有任何材料。因此,欧拉方法的材料边界与单元边界不相一致,它是随时变化不定的。一般而言,欧拉网格由简单的正六面体单元组成,空间较大,从而使欧拉材料能够有足够的空间范围进行运动和变形。一旦欧拉单元流出欧拉网格之外,它就从分析中彻底流失了。纯粹的欧拉分析方法通过求解速度场得到整个流场的流态,但无法求解结构准确的应力应变响应,亦不能完全满足模拟管线自沉过程的要求。

本次研究采用的 CEL 技术是 ABAQUS 中计算流固耦合的关键技术,它吸取了欧拉网格和拉格朗日网格的优点,采用欧氏网格中网格固定而材料可在网格中自由流动的方式建立模型,有效地解决了有关大变形、材料破坏和流体材料等诸多问题;同时,建立拉式网格与欧氏网格的接触算法,利用拉式网格得到结构准确的应力应变响应。

CEL 技术应用强大简易的 ABAQUS/Explicit 通用接触算法,可以较好地解决流体和固体结构的接触问题,因此,可以有效地解决"穿刺"问题。沉管挤淤问题就是"穿刺"问题的一个较好的特例:沉管在重力作用下,从外部逐渐侵入回淤淤泥中,将淤泥挤出,占据原有淤泥的位置。土可看成可以自由流动的宾汉流体,采用欧拉网格进行模拟,解决土体的大变形问题;沉管采用三维拉氏单元进行模拟,利用 ABAQUS/Explicit 动力学求解器得到沉管挤淤过程的力学响应。

2) 有限元模型

考虑对称性,只建立右侧一半的模型,模型如图 4-5 所示。淤泥采用 Eulerian 单元,压板为刚性的 Lagrangian 单元。模型尺寸参照现场原型进行设置,垂直于基槽断面方向上沉管长 23m,基槽底部淤泥层长 25m,基槽边缘设置坡度为 1:1 的刚性边坡,边坡高度为 10m,以防止挤出的淤泥越过边坡而流失。基槽宽 1m,沉管略宽于基槽以防止挤压过程中淤泥流失,取 1.5m。

淤泥的本构方程采用液体的 Equation of State 模型中的 Linear U_s-U_p 模型。模型采用 Hugoniot 数据的基本方程为:

$$p_H = \frac{\rho_0 c_0^2 \eta}{(1-s\eta)^2} \tag{4-34}$$

式中：p_H——Hugoniot 压强；

ρ_0——相对密度；

c_0——声速；

η——黏滞系数；

s——应力。

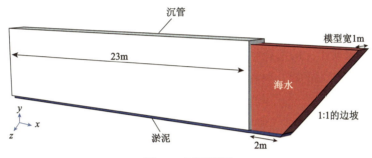

图 4-5　有限元模型

采用 c_0 和 s 定义了冲击速度 U_s 和质点振动速度 U_p 之间的关系，如下式所示：

$$U_s = c_0 + sU_p \tag{4-35}$$

基于式(4-36)中冲击速度 U_s 和质点振动速度 U_p 之间线性相关的假定，可得：

$$p = \frac{\rho_0 c_0^2 \eta}{(1-s\eta)^2}\left(1-\frac{\Gamma_0 \eta}{2}+\Gamma_0 \rho_0 E_m\right) \tag{4-36}$$

式中：$\rho_0 c_0^2$——等效弹性体积变形模量；

Γ_0——材料常数；

E_m——单位质量的内能。

本计算中，其声速为 1483m/s，该材料的体积压缩量可以忽略不计。

在描述淤泥的剪切特性时，采用 Herschel-Bulkley 模型。Herschel-Bulkley 模型可用于描述黏塑性液体的屈服响应，如宾汉体等。黏度特性采用如下所示的控制方程：

$$\eta = \begin{cases} \eta_0, & \tau < \tau_0 \\ \dfrac{1}{\dot{\gamma}}\left\{\tau_0 + k\left[\dot{\gamma}^n - \left(\dfrac{\tau_0}{\eta_0}\right)^n\right]\right\}, & \tau \geq \tau_0 \end{cases} \tag{4-37}$$

式中：τ_0——屈服应力；

η_0——材料屈服前材料的黏度系数；

k、n——材料流动控制系数，对于宾汉体，$n=1$。

分析时具体参数参照表 4-2 所示的基于深中通道淤泥进行的室内试验结果进行取值。

不同重度时淤泥的 Bingham 模型参数　　　　　　　　　　表 4-2

重度 γ（kN/m³）	τ_0（Pa）	η_0（Pa·s）	k（Pa·s）
12.4	8.603	0.798	0.0031
13.6	46.016	4.472	0.0094
14.0	87.055	8.384	0.0230
14.6	218.74	13.94	0.0380

沉管只能竖向挤压,不能水平移动及转动。分析中认为,与基槽接触的淤泥不产生流动,因此限制淤泥层底面、基槽边坡所有方向上的流速。同时限制淤泥层前后两个边界上 z 方向上的流速。沉管和淤泥之间设立接触面。法向接触为硬接触,切向接触为摩擦接触,摩擦系数为 α。分析中模拟真实工况的荷载施加方式,在沉管顶面施加一定大小的竖向荷载 P,计算不同荷载和淤泥特性下淤泥的挤出特性。

3）计算工况

本次计算中设置了有、无边坡两种工况,分析不同边界条件下沉积物挤压流动,并进一步分析了存在边坡时,不同淤泥重度 γ、回淤厚度 h、沉管竖向荷载 P、沉管初始速度 v_0、沉管表面与淤泥摩擦系数 α 取值下沉积物的挤出特性,计算工况见表 4-3。表中以工况 1 为参考模型,在工况 1 的基础上通过参数取值改变构建其余工况。

不同工况下淤泥和沉管的计算参数　　　　　　　　　　表 4-3

工况编号	淤泥参数		沉管参数			沉管表面与淤泥摩擦系数 α	有无边坡
	重度 γ（kN/m³）	回淤厚度 h（m）	竖向荷载 P（kPa）	初始速度 v_0（cm/s）			
1	12.4	0.2	1.2	0		0	有
2	12.4	0.2	1.4	0		0	有
3	12.4	0.2	1.8	0		0	有
4	12.4	0.2	1.2	0		0.5	有
5	12.4	0.2	1.2	0		1.0	有
6	12.4	0.4	1.2	0		0	有
7	13.2	0.2	1.2	0		0	有
8	14	0.2	1.2	0		0	有
9	14.6	0.2	1.2	0		0	有
10	12.4	0.2	1.2	0.25		0	有
11	12.4	0.2	1.2(0~40s) 1.4(40~80s) 1.8(80~120s)	0		0	有

为验证分析模型的可靠性,采用室内试验结果对有限元分析模型进行验证。室内试验模型如图 4-6 所示,模型槽长 1m、宽 1m、高 0.8m,底部铺设 13cm 厚、粒径为 5~10mm 的碎石,

上部铺设 5cm 厚、重度为 12.2kN/m³ 的泥浆,采用钢化玻璃平板模拟沉管,钢化玻璃平板长 0.5m、宽 0.5m,钢化玻璃平板施加在泥浆上的竖向荷载为 0.5kPa。试验开始后,钢化玻璃平板在泥浆中顺利下沉。

图 4-6　室内模型试验

采用上述有限元模型构建方法,建立相同大小的有限元分析模型,并模拟钢化玻璃平板的下沉过程,结果如图 4-7 所示。为更好地展示钢化玻璃平板的下沉过程,图中仅显示了一半的模型。其中,红色的模型为钢化玻璃平板,白色的模型为淤泥。

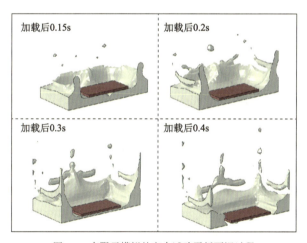

图 4-7　有限元模拟的室内试验平板下沉过程

可以看出,钢化玻璃平板在竖向荷载的作用下,经过 0.4s 后挤出平板下方的淤泥并顺利沉入淤泥底部,与试验观察结果一致。

4) 沉管位移及沉积物流动特性

(1) 沉管下沉过程中淤积物流动特性。

图 4-8 显示了工况 1 模型在施加竖向荷载后沉管挤压基槽淤泥过程中,不同阶段时基槽内沉积物的流动特征。

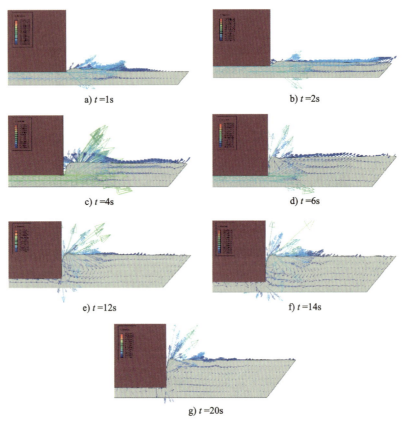

图 4-8 沉管下沉过程中淤泥的流动特征

施加竖向荷载后,沉管开始沉入淤泥中,并将沉管正下方的部分淤泥挤压至基槽边缘,沉管下方淤泥朝向基槽边缘水平流动并逐渐堆积。当挤出的沉积物较少时,沉积物主要淤积在沉管边缘。随着沉管继续下沉,挤出的沉积物逐渐增多,开始在基槽边坡处堆积,并出现沿边坡爬坡的现象;基槽中沉积物主要以水平向流动为主,仅在基槽边坡处存在斜向边坡上方的流动。沉管继续下沉,沉积物继续增多,重力作用下基槽边缘沉积物爬坡速度明显下降并出现回流趋势,导致沉管下方沉积物挤出速度降低。最终,当基槽边缘沉积物达到一定高度后,淤积的沉积物产生的压力阻碍了沉管的进一步下沉,沉管下方和基槽边缘的淤积物流速趋近于 0;沉管下沉过程结束,下沉位移与下沉速度不再继续增大,淤积物也不再继续流动,沉管与淤积物达到动态平衡。

(2)沉管竖向位移与速度随时间的发展。

图 4-9 显示了工况 1 模型中对沉管施加竖向荷载后,沉管的竖向下沉距离和速度随加载时间的变化趋势。图 4-9a)中沉管下沉距离表示沉管沉入淤泥的位移,以向下的位移方向为正;图 4-9b)中沉管下沉速度同样以向下沉入淤泥的方向为正。

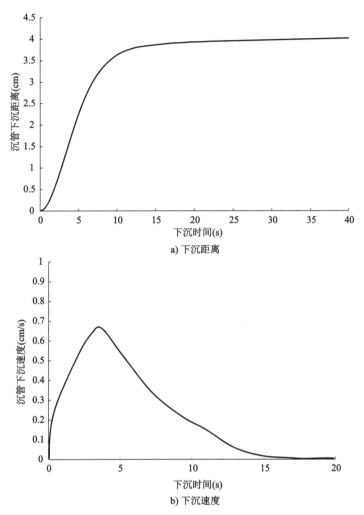

图 4-9　工况 1 模型中沉管下沉距离和速度随时间的变化

可以看出,沉管刚接触淤泥时,下沉速度不断增大,并在 4s 时下沉速度达到峰值 0.68cm/s。随后,受淤泥回流至沉管底部的影响,沉管下沉速度逐渐变缓,18s 后沉管下沉速度保持在 0m/s 附近,沉管下沉过程停止。沉管下沉过程中,下沉位移逐渐增大,并在沉管下沉速度趋近于 0 后(18s 后)位移增长趋势趋于平缓,最终稳定的下沉距离为 4.02cm,沉管沉入距离约为初始淤泥厚度的 20.1%。

(3) 沉管下方沉积物的水平流速分布。

图 4-10 显示的是工况 1 模型在沉管下沉速度达到峰值时,淤泥中水平向流速的分布情况。

可以看出,随着离开沉管边缘距离(x 方向上的距离)的增大,淤泥水平向流速逐渐减小,但在平行于沉管边缘(z 方向)和竖直方向(y 方向)淤泥流速基本相同,即同一 y-z 平面内的淤泥流速基本相同。

图 4-10　$t=4s$ 时淤泥水平向流速分布

图 4-11 显示的是 $t=3.5s$ 时与沉管下方接触的淤泥以及淤泥 1/2 深度处的淤泥水平向流速。

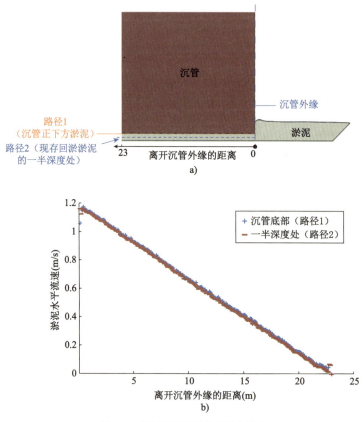

图 4-11　不同深度淤泥的水平向流速

可以看出，两个不同深度处淤泥流速基本没有差异，验证了回淤淤泥初始厚度不大的情况下，淤泥的水平向流速基本不随深度而衰减的结论。同时可以看出，淤泥水平向流速随离开沉管外缘的距离而线性减小。

4.3 模型试验

4.3.1 试验目的与意义

沉积在碎石基床上的回淤物,有些具有宾汉体的特性,在沉管隧道沉放过程中,由于受到挤压作用,沉积物会产生黏性的流动而流到基槽之外。因此,为明确沉管基槽内回淤物在沉管沉放压力作用下的流变特性,预开展室内大比尺模型试验,分析沉管隧道下沉过程中对基槽回淤物的清除特性,为基槽清淤决策提供有价值的参考。

4.3.2 试验方法与内容

1) 试验方法

(1) 试验思路。

本试验以深中通道项目为工程依托,模拟沉管沉放过程中对基槽内回淤物的挤压清除作用。深中通道沉管隧道管节尺寸分为两部分:标准管节 46m×165m×10.6m,E1 管节 46m×123.5m×10.6m。为了准确说明回淤物的挤出情况,将该问题等效为平面应变问题,即不考虑回淤物在沉管隧道长度方向(标准管节 165m,E1 管节 123.5m 方向上)的排除效果,仅考虑宽度方向的挤压清除作用。鉴于深中通道沉管隧道的宽度统一为 46m,回淤物从管节宽度方向流出的最大路径长度为 23m,因此,本次开展长度为 7.7m 的模型试验,试验比尺为 1∶3,验证基槽回淤物在不同压力作用下的流动清除特性。

(2) 试验流程。

开展碎石基床上回淤物的挤压清除特性研究,首先需明确回淤物的工程特性,本试验以深中通道试挖槽试验结果为参考,配制物理力学参数不同的回淤物开展试验。本试验的主要流程如图 4-12 所示。

(3) 碎石垫层的模拟。

实际工程中,沉管隧道的先铺碎石垫层由两部分组成,下层为二片石调平层,上层为碎石整平垫层。二片石调平层铺设的目的是减小挖槽误差,利于清除表面回淤淤泥,部分消除管底沉积淤泥对基础沉降的影响,而碎石整平垫层的主要作用是提高基床的纳淤能力。本试验设置碎石垫层的目的是有效还原沉积淤泥在碎石垫层上回淤物流动的边界条件,不涉及纳淤能力的研究,故本试验将不模拟碎石垫层的垄沟,而将其设置为平整的垫层。碎石材料采用未受污染、干净、耐久性良好、级配良好的碎石,选用基床碎石级配粒径 20~60mm,碎石垫层高度 0.3m,试验中碎石孔隙率与深中通道保持一致,如图 4-13 所示。

(4) 回淤层的模拟。

关于试验中的回淤物,以深中通道项目试挖槽试验得到的回淤土为参照。由于深中通道项目部当时情况下不具备开展试验条件,故本试验通过现场取土并对土体进行全面分析,根据回淤土的密度、含水率、颗粒组成等指标室内配制成相似指标的土体开展试验。

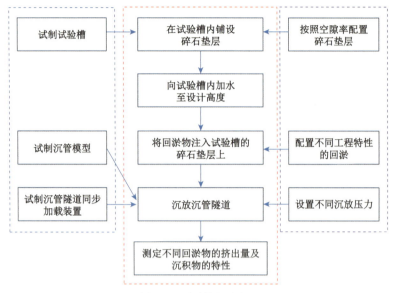

图 4-12　试验的主要流程

图 4-13　垫层选用的碎石

2016 年 6 月至 2017 年 5 月,中交第一航务工程局有限公司和天津水运工程科学研究院在矾石水道东侧浅滩开展为期 1 年的试挖槽回淤观测试验,采用回淤盒的方式对碎石基床上的回淤物进行取样分析。试验结果显示:回淤物主要为粉砂质黏土,中值粒径为 0.0032~0.0052mm,平均为 0.0041mm,现场回淤物平均密度在 1.15~1.2g/cm^3 之间,回淤物厚度在 0.1~0.3m 之间。

试验期间,基槽回淤物的密度测量结果见表 4-4,回淤物的颗粒分析结果见表 4-5。试验土样的加入方式为配置均匀的试验土,将其均匀注入试验基槽内。

（5）沉管隧道的模拟。

深中通道沉管大小(长×宽×高)主要分为两种:标准管节 46m×165m×10.6m;E1 管节 46m×123.5m×10.6m。本试验采用钢盒模拟深中通道的沉管,其尺寸为 1m×7.7m×0.3m,

为保证与深中通道中的钢壳沉管相对应,沉管模型与回淤物接触面即底面贴有薄钢板,如图4-14所示。

深中通道现场沉管安装过程中,保证初始负浮力-9800kN,换算成压强为1.3~1.8kPa。

2016年8月试挖槽密度测量结果 表4-4

站位	平均密度 (g/cm³)	最大密度 (g/cm³)	最大厚度 (m)	站位	平均密度 (g/cm³)	最大密度 (g/cm³)	最大厚度 (m)
1	1.187	1.223	0.208	12	1.18	1.222	0.258
2	1.179	1.212	0.125	13	1.169	1.207	0.129
3	1.178	1.201	0.135	14	1.155	1.18	0.125
4	1.186	1.227	0.157	15	1.159	1.205	0.095
5	1.181	1.208	0.223	16	1.167	1.195	0.127
6	1.179	1.211	0.168	17	1.155	1.194	0.122
7	1.186	1.239	0.268	18	1.201	1.327	0.831
8	1.185	1.217	0.279	5A	1.185	1.219	0.781
9	1.18	1.192	0.158	13A	1.182	1.244	0.234
10	1.148	1.183	0.244	9A	1.173	1.231	0.223
11	1.168	1.194	0.19				

回淤物的颗粒分析结果 表4-5

样号	名称	粒级含量(%)			粒度参数	
		细砂	粉砂	黏土	D_{50}(mm)	σ_i
S1	粉砂质黏土1	6.3	34.6	59.1	0.0032	1.35
S2	砂-粉砂-黏土	31.8	23.8	44.4	0.0048	2.50
S3	粉砂质黏土2	7.8	38.3	53.9	0.0036	1.62
S4	粉砂质黏土3	6.5	33.7	59.8	0.003	1.54
S5	粉砂质黏土4	10.7	41.8	47.5	0.0043	1.79
S6	粉砂质黏土5	8.7	44.3	47	0.0044	1.75
S7	黏土质粉砂6	12.7	45.3	42	0.0052	1.79
S8	粉砂质黏土7	7.5	45.2	47.3	0.0043	1.64
S9	粉砂质黏土8	7.8	38.3	53.9	0.0037	1.70
	平均	11.1	38.4	50.5	0.004	1.74

(6)基槽的模拟。

沉管隧道的基槽尺寸为12.7m×1m×1.3m(长×宽×高),底部设置0.3m的镂空,上部试验区高1m,由浮法玻璃和钢结构组成,分为沉管沉放区和淤泥收集区两部分,沉管沉放区长7.7m,淤泥收集区长5m,用以收集排出的淤泥,如图4-15所示。

图 4-14　沉管模型

图 4-15　试验槽

（7）其他细部结构的设定。

①加载系统。

试验的加载由起重机、配重块和齿轮齿条同步装置共同完成，以上装置构成整个试验的加载系统。该系统可实现沉管隧道在速度可控条件下的同步下沉，并在沉管下放过程中保持基底压力不变，其细节图如图 4-16 所示。

图 4-16　加载系统

②密封系统。

试验槽设计为三面封闭、一面排泥，模拟回淤物的流动路径总长度为 7.7m。为了更好地降低三个封闭面对试验结果的影响，在每个封闭面上布置橡胶条，如图 4-17 所示，在试验前测定密封橡胶条同玻璃面的摩阻力大小,并将该荷载的大小计入加载系统中,以抵消密封橡胶条对试验结果的影响。

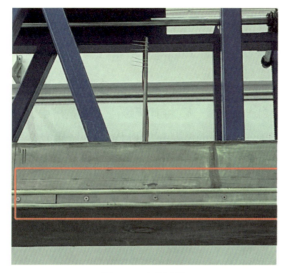

图 4-17 密封系统

(8)数据监测系统。

①沉放位移。

在试验槽两端布设位移传感器(图 4-18),用以测定沉管隧道模型下放过程中的位移,进而判断沉管下放过程中的位移。

②土压力测定。

在沉管隧道模型底部均匀布设 7 个土压力传感器(图 4-19),测定沉管下放过程中受到的基底压力。

图 4-18 位移传感器　　　　图 4-19 土压力传感器

2)试验内容

模拟沉管隧道下沉过程中基槽内回淤物的流动过程,明确不同重度回淤物的最大流动距离,进而判断不同重度的回淤物的清淤标准。

4.3.3 试验结果及分析

1)回淤物重度 12kN/m³

配置回淤物重度为 12kN/m³ 的淤泥,将其缓缓注入试验槽中,待厚度达 30cm 之后缓慢注水,形成水土分界面后,观测沉管隧道模型在 1.8kPa 的基底压力作用下,泥面厚度随时间变化情况,结果如图 4-20 所示。

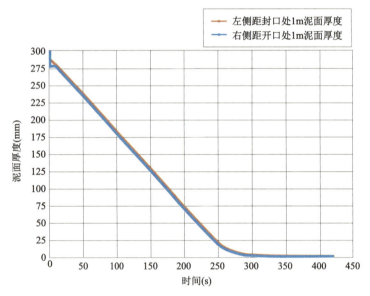

图 4-20 泥面厚度随时间变化情况(重度 12kN/m³)

由图 4-20 可知,在 1.8kPa 的基底压力作用下,沉管在重度 12kN/m³、厚度 30cm 的淤泥中缓慢下放,下放位移为 300mm,最终泥面的厚度为 0mm,说明沉管最终完全落在了碎石基床上,重度为 12kN/m³ 的淤泥全部被挤出。

2)回淤物重度 13kN/m³

配置回淤物重度为 13kN/m³ 的淤泥,将其缓缓注入试验槽中,待厚度达 30cm 之后缓慢注水,形成水土分界面后,观测沉管隧道模型在 1.8kPa 的基底压力作用下,泥面厚度随时间变化情况,结果如图 4-21 所示。

由图 4-21 可知,在 1.8kPa 的基底压力作用下,沉管在重度 13kN/m³、厚度 30cm 的淤泥中缓慢下放,下放位移为 264mm,最终泥面的厚度为 36mm,说明沉管最终与碎石基床之间形成了厚度为 3.6cm 的淤泥夹层,重度为 13kN/m³ 的淤泥没有全部被挤出,挤出厚度为 26.4cm。

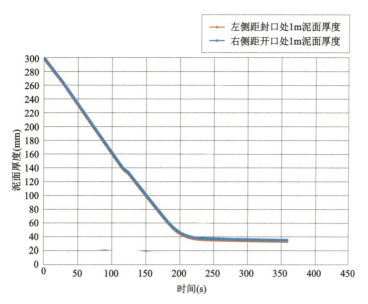

图 4-21　泥面厚度随时间变化情况（重度 13kN/m³）

3）回淤物重度 14kN/m³

配置回淤物重度为 14kN/m³ 的淤泥，将其缓缓注入试验槽中，待厚度达 30cm 之后缓慢注水，形成水土分界面后，观测沉管隧道模型在 1.8kPa 的基底压力作用下，泥面厚度随时间变化情况，结果如图 4-22 所示。

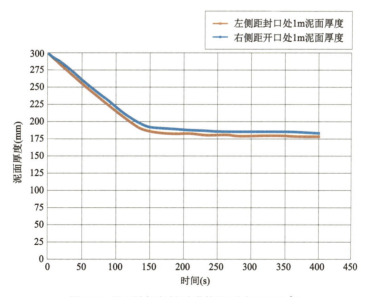

图 4-22　泥面厚度随时间变化情况（重度 14kN/m³）

由图 4-22 可知，在 1.8kPa 的基底压力作用下，沉管在重度 14kN/m³、厚度 30cm 的淤泥中缓慢下放，下放位移为 122mm，最终泥面的厚度为 178mm，说明沉管最终与碎石基床之间形成了厚度为 17.8cm 的淤泥夹层，重度为 14kN/m³ 的淤泥没有全部被挤出，挤出厚度为 12.2cm。

101

4.4 沉管隧道基础清淤标准

4.4.1 现有沉管隧道工程的清淤标准

20 世纪 80 年代,我国水运工程施工建设过程中并无明确的基槽清淤标准。1986—1987 年,在北方重力式码头施工过程中,通过大量的现场试验,获得重力式码头基槽开挖后清淤的临界重度在 $12 \sim 13 kN/m^3$ 之间,而为确保工程施工质量,曾一度将基槽清淤标准控制在 $12 kN/m^3$。进入 20 世纪 90 年代,在经过多个工程的验证研究后,最终将清淤标准明确为 $12.6 kN/m^3$,并根据工程经验,将重度 $12.6 kN/m^3$、回淤厚度 30cm 作为基槽清淤标准。但由于重力式码头结构后部回填,会产生较大的水平向荷载(图 4-23),故在构件安装前,基床顶面不允许出现回淤沉积物,以确保结构物与碎石垫层间可产生足够的摩擦力。

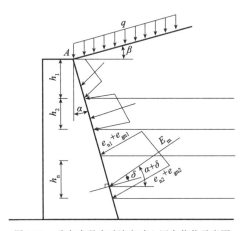

图 4-23 重力式码头后墙主动土压力荷载示意图

沉管隧道在管节沉放对接后即进行点锁回填施工(图 4-24),之后进行锁定回填、一般回填和管顶回填施工。施工过程中,管节不会存在滑移的可能性,因此,当碎石垫层表面存在回淤的情况下,对沉管的影响主要有以下两个方面:

(1)淤泥使沉管无法完成沉放对接。

碎石垫层与沉管之间存在较厚的淤泥,且在沉放对接过程中淤泥未能排出,导致沉管无法下沉至设计高程,沉管无法实现对接施工。

(2)淤泥使沉管间产生较大的差异沉降。

碎石垫层与沉管之间存在的淤泥厚度达不到影响沉放对接的程度,沉管仍可以顺利实现对接及水力压接。水力压接完成后,随着沉管内压载水的施加以及管外锁定回填、一般回填、管顶回填的施工,荷载增大,管节与碎石垫层间的淤泥会产生压缩并挤压至管底碎石和锁定回填的碎石空隙中,导致与已安装的沉管间差异沉降增大。

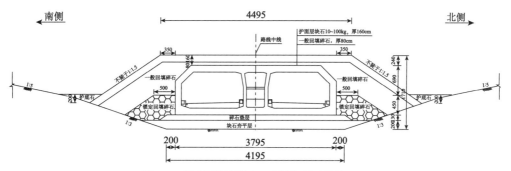

图 4-24　管节回填防护施工示意图(尺寸单位:cm)

港珠澳大桥项目结合现场施工情况,制定了沉管隧道碎石垫层表面淤泥的清淤标准:淤泥重度 12.6kN/m³,回淤厚度达到 4cm;淤泥重度 11.5kN/m³,回淤厚度达到 8cm。深中通道工程延续该标准。

4.4.2　回淤物流变特性与清淤标准的关系

近年来,随着我国海洋工程的不断发展,不同的工程对基槽的清淤标准也不同,很难采用同一标准进行控制。越来越多的专家认为,基槽清淤的标准应该紧密结合现场实际情况确定,做到具体问题具体分析。

在对以上成果的研究中发现,水下沉管隧道淤泥回淤物的流变特性使其在沉管下放压力作用下产生黏滞流动,可进行部分清除,其流动距离与回淤物的重度大小相关。大比尺模型试验结果显示:重度为 12kN/m³ 的淤泥在 1.8kPa 荷载作用下,流动距离 7.7m 条件下,可清除 30cm 厚的淤泥;重度为 13kN/m³ 的淤泥在 1.8kPa 荷载作用下,流动距离 7.7m 条件下,可清除 26.4cm 厚的淤泥;重度为 14kN/m³ 的淤泥在 1.8kPa 荷载作用下,流动距离 7.7m 条件下,可清除 12.2cm 厚的淤泥。

在实际工程中,沉管隧道清淤标准的设定应考虑回淤物的流变特性。

第5章 清淤技术与装备

5.1 概 述

为了保障管段沉放后能够达到准确的设计高程和坡度,需要清除管底与基槽间的淤泥,以免使管段产生过大的浮力。若处理管段基础后与管段沉放时间有较长间隔,可能会产生回淤现象,需要再次进行清淤处理。本章介绍已研发出的高效清淤且不扰动已铺垫层的大型清淤设备,并提出新的清淤工艺和减淤措施,为先铺法沉管施工提供技术支持。

深中通道沉管隧道工程采用先铺碎石垫层,其碎石垫层质量检测快捷方便,施工工效较高,沉管着床后可以立即回填,通过监测与清淤可确保不出现回淤过大的重铺风险。结合施工,对回淤问题提出如下建议:

(1)优化基床碎石级配和垄沟宽度,提高大粒径比例,增强纳淤能力。

(2)选择合适的基槽精挖时机,晾槽时间不宜太长,碎石基床整平前使用耙吸船清除基槽边坡和基床底部的回淤物,加快碎石基床铺设速度,缩短碎石基床铺设时间。

(3)研发快速清淤设备,提升清淤工效。

(4)建立施工期泥沙回淤的实时监测系统,沉放前及时预警,如需要,进行清淤作业。

5.2 回淤监测

5.2.1 监测目的

在基槽开挖后、碎石整平后、管节安装前,均需要对回淤厚度进行监测,确认回淤厚度,从而精准有效地分析工程回淤情况,分析回淤规律,当重度满足要求后方能进行后续施工;对异常回淤情况进行预警,防范施工风险。

5.2.2 监测方法

1)多波束回淤扫测方法

多波束测深系统由多波束声学系统、多波束数据采集系统、多波束数据处理系统、外围辅助传感器和成果输出系统组成。多波束声学系统产生具有一定方向的波束进行发射并接收,由多波束数据采集系统将声波信号转换为数字信号,并反算其测量距离。多波束数据处理系统通过外围辅助传感器参数对数字信号进行各项改正,并通过成果输出系统对数据进行后处理及最终成果输出,从而得到海底水下地形。在多波束测深系统中,换能器配置有多个换能器单元的阵列,通过控制不同单元的相位,形成多个具有不同指向角的波束,通常只发射一个波束而在接收时形成多个波束。多波束测深系统以一定的频率发射沿航迹方向窄而垂直航迹方向宽的波束,形成一个扇形声传播区,通过多波束测量,可以获得水下全覆盖的密集型水深数据,确保不漏测。

以多波束型号 KONGSBERG EM2040 为例。它是一套较为先进的超高分辨率回声测深系统,其波束角度为 $0.7°×0.7°$,具备在线调频功能,在测量过程中可以根据实际环境调整系统频率,从而达到最佳的量程和条带覆盖宽度效果,同时可实现条带覆盖角度在线可调,调整范围为 $10°\sim140°$。该系统可以根据实际作业情况灵活选择合适的覆盖角度,当选择一个较窄的覆盖扇区时,所有的声学水深点集中在这个窄条带内以增加系统的分辨率,从而检测细小的水底特性。KONGSBERG EM2040 多波束测深系统由换能器、RTK(Real-time Kinematic,实时差分)定位设备、运动传感设备及各类声速仪组成,如图 5-1 所示。

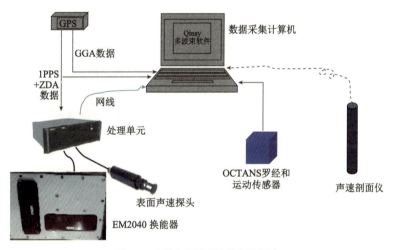

图 5-1　多波束测深系统组成示意图

多波束测深系统是当今水下地形勘测最先进的设备,能对所测海域进行全覆盖扫测,客观全面地反映测量区域的海底地形。多波束测深系统虽有着其他测深手段所无法比拟的优点,但应用于沉管隧道碎石基床回淤监测时,仍然需要从换能器安装改正、测量船型及航速选择、声速改正技术、实时船舶姿态改正技术、高程改正技术等方面进行分析研究,解决或降低客观因素的影响,消除多波束测深数据出现的误差,通过采用综合性的技术措施,全面提高多波束的测量质量和数据的可靠性。

2) 回淤盒水下监测

回淤盒由塑料储物箱和固定钢结构组成。潜水员在已整平完成的碎石垫层上放置 5 个回淤盒,依次编号,其中 1~3 号回淤盒按照指令定期进行放取,4 号、5 号回淤盒为水下备用回淤盒。5个回淤盒放置在碎石垫层的4号垄顶的轴线中间位置,1~5号依次从南至北排列。检测时要做好编号(按在盒上系球的数量进行编号)和时间记录,回淤盒放置的位置如图5-2所示。

每次取盒前,潜水员封闭盒盖,记录准确的取盒时间。取出回淤盒后,进行淤积厚度、粒度等分析,并保留样品。

3)测深仪检测

采用单波束双频测深仪进行水深检测,检测频次为每旬一次,分析不同施工阶段、不同施工环境和特殊气象条件下的回淤情况,掌握基槽开挖后的回淤情况,以指导下一步的施工。利用测深仪测得仪器与底座钢板之间的深度变化反算回淤变化。潜水员将SDE-28S测深仪(图5-3)固定在钢板上,并在钢板上焊接三脚架固定测深仪,测深仪的数据线通过钢丝绳绑在锚漂上。每天安排进行数据的读取。

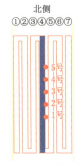
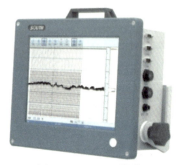

图5-2 回淤盒放置位置 　　图5-3 SDE-28S测深仪

4)含沙量监测

含沙量监测分为施工区定点监测和巡测。含沙量测量工具为日本ALEC公司生产的自容式CTD型浊度测量仪(图5-4),定点实时传输的含沙量观测仪器采用OBS-3A浊度仪(图5-5)。OBS-3A浊度仪由美国Campbell公司生产,用于测量悬浮物的浊度及含沙量。为掌握采砂区至基槽水域沿程的含沙量变化情况,在采砂区开放期为1d巡测1次,在关闭期为3d巡测1次,碎石基床铺设期间为2d巡测1次。

图5-4 自容式CTD型浊度测量仪 　　图5-5 OBS-3A浊度仪

5.2.3 监测频率

清淤施工技术要求主要参照施工设计图相关要求与《港珠澳大桥主体工程隧道工程施工及质量验收标准》。回淤监测要求见表5-1。

回淤监测方法、频率及工序验收标准　　　　　　　　　　　　　表5-1

序号	监测时机	淤泥清除标准	监测频次	监测方法
1	基槽精挖后、块石振密（夯平）前	回淤沉积物密度>1.26g/cm³，且该密度回淤厚度>20cm	块石振密（夯平）前7d测1次	多波束水深监测
				潜水探摸每个管节不少于10个点
2	块石振密（夯平）后、碎石整平前	回淤沉积物密度>1.26g/cm³，且该密度回淤厚度>10cm；或者回淤沉积物密度>1.15g/cm³，且该密度回淤厚度>30cm	块石振密（夯平）前15d、7d各1次	多波束水深监测
				潜水探摸每个管节不少于20个点
3	碎石整平后、管节沉放前	多波束测量回淤厚度>15cm；或回淤沉积物密度>1.26g/cm³，且该密度回淤厚度>4cm；或者回淤沉积物密度>1.15g/cm³，且该密度回淤厚度>8cm	管节沉放前7d、5d、3d、1d各1次	多波束水深监测
				每次探摸每个管节不少于10个垄/沟回淤盒观测，每个碎石垄的船位放置4个回淤盒
4	边坡坡面回淤厚度监测（碎石整平前15d）	回淤沉积物密度>1.26g/cm³，且该密度回淤厚度>40cm	管节沉放前7d，若有台风、热带风暴等极端天气，则在极端天气过去后再进行	多波束水深监测

5.2.4 基槽回淤监测

隧道基槽大部分管节精挖通常与粗挖间隔一定时间，精挖基床面将不可避免地淤积一定厚度的浮泥或粗挖残留物。因此，为确保基槽精挖施工质量，减少此部分淤积物随精挖施工落淤至基床槽底，在每个管节基床精挖开始前，需根据多波束测量结果安排清淤施工。基槽施工期回淤监测包括粗挖期监测、精挖前回淤监测、抛石夯平前回淤监测和碎石铺设前回淤监测，其主要内容如下：

（1）粗挖期监测：通过多波束水下地形测量数据反映基槽在粗挖阶段的回淤状态，在此期间，多波束水深测量的频率为每月1次。

（2）精挖前回淤监测：通过多波束水下地形测量数据反映基槽在粗挖结束后至精挖开始前的回淤状态，精挖施工开始前基槽的回淤物达到一定的厚度时，即需进行清淤施工。在此期间，多波束水深测量的频率为每月1次。

（3）抛石夯平前回淤监测：多波束水下地形测量结合人工探摸组合方式实施，通过测量数据分析反映基槽在精挖结束后至抛石夯平开始前的回淤状态，在抛石夯平前基槽的回淤物达到一定的厚度时，即需进行清淤施工。在此期间，对于晾槽时间较长的管节段，多波束水下地形测量的频率为每月1次,在抛石夯平前进行监测,并结合人工探摸的结果综合分析抛石夯平前基槽回淤物厚度和分布规律。

(4)碎石铺设前回淤监测:多波束水下地形测量结合人工探摸组合方式实施,通过测量数据分析反映基槽在抛石夯平后至碎石基床铺设开始前的回淤状态,以便指导碎石基床铺设前清淤施工。在此期间,对于抛石夯平后晾槽时间较长的管节段,多波束水下地形测量的频率为每月1次,在碎石铺设前进行监测,并结合人工探摸的结果综合分析碎石铺设前基槽回淤物厚度和分布规律。

5.2.5 边坡稳定性监测

边坡稳定性监测主要由多波束水下地形测量实施,用于反映边坡精挖完成后至对应管节沉管安放之日的稳定性状态,为工程的各项决策提供数据支持。边坡稳定性监测的频率为每月1次。

边坡稳定性分析,即是通过多波束水下地形测量数据绘制横断面图和水深差值色差图,分析基槽边坡的回淤物厚度变化、坡度变化以及异常滑塌等情况,重点关注精挖完成后至边坡清淤前以及边坡清淤后边坡的稳定性状态。

5.2.6 基床回淤监测

碎石铺设后,回淤监测通过多波束水下地形测量结合人工探摸的方式开展,通过测量数据分析反映已铺设整平后的碎石基床在沉管安放前的回淤状态。若发现已铺基床回淤物达到一定的厚度,则采取一定的减淤、清淤或者其他措施。在碎石基床铺设期间至沉管安放前,多波束水深测量的频率为每天1次,人工探摸的频率根据现场作业情况决定,一般为每天1次。由于从碎石基床铺设至沉管安放历时较短,故碎石基床的回淤厚度通常为厘米级,须采用人工物理探摸、多波束地形监测方式进行对比验证。

5.3 清淤设备和工艺

5.3.1 耙吸船清淤

1)耙吸船

对于精度要求不高、作业面受限不大的清淤作业,可以采用大型耙吸船施工,如图5-6所示。投入施工的耙吸船均安装了可以显著提高疏浚效率与精度的动力定位和动态航迹(DP-DT)系统、挖泥轨迹显示系统(DTPS)。DPDT系统(图5-7)是利用各类传感器检测船的运动状态及风浪流等环境力,通过计算机的实时计算来控制艏侧推、调距桨(CPP)及舵产生适当的推力和力矩,以抵消环境力的影响,使得挖泥船尽可能在设定的船位、艏向或预定航迹进行疏浚施工,从平面上进行控制,保证对槽底区域全面覆盖,降低漏清风险。DTPS能够显示疏浚矩阵、差异矩阵,可对水深测量文件色块视需要进行调整,施工过程中动态显示挖泥断面,且耙头与船体的比值图完全相同。操耙手可根据断面显示控制下耙深度,使得清淤后断面控制在目标深度范围内。图5-8所示为DTPS控制台。

图5-6 万方耙吸船

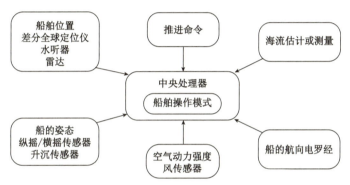

图5-7 DPDT系统基本原理图

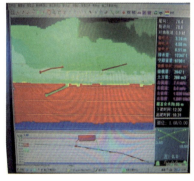

图5-8 DTPS控制台

2)工艺流程

通常情况下,根据不同的潮水段,耙吸船槽底清淤可选择不同的布线方式,确保航行轨迹全覆盖、均匀布线,具体方法有以下两种:

(1)顺槽清淤法。顺槽清淤法适用于涨退潮流速较小的情况,船头方向顺基槽布置,如图5-9所示。清淤高程预先设定在施工导航文件中,施工时,根据回淤厚度分布情况,按照高程逐层清淤。

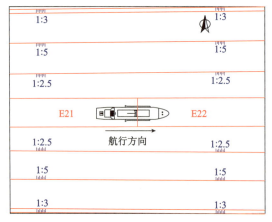

图 5-9　顺槽清淤法船头方向示意图

（2）垂直于基槽清淤法。垂直于基槽清淤法适用于涨退潮流速较大的情况,船头方向与基槽近似于垂直,如图 5-10 所示。垂直于基槽清淤法的施工方法与顺槽清淤方法相同。

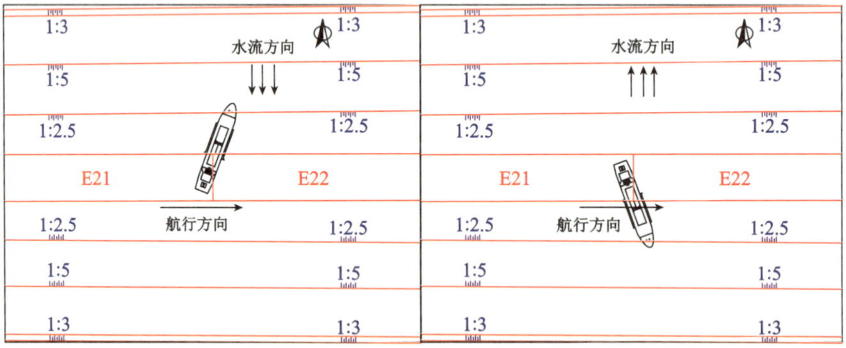

图 5-10　垂直于基槽清淤法船头方向示意图

通常情况下,耙吸船在基槽复合边坡上的精确清淤,需提前根据设计标准断面编制施工导航文件,均匀布设航迹线,如图 5-11 所示。施工过程中同时通过 DPDT 系统和 DTPS 清晰地获得开挖情况,实时调整下耙深度,对边坡进行精确施工。作业过程中,根据涨潮、退潮流速变化,及时调整船舶姿态;平缓潮期间采用顺槽清淤法,涨潮、退潮流速较大期间采用垂直于基槽清淤法。

耙吸船清淤施工流程如图 5-12 所示。

清淤效果如图 5-13、图 5-14 所示,其中,图 5-13 给出了基槽边坡及槽中清淤前后色差比对情况,图 5-14 给出了基槽边坡及槽中清淤前后三维效果比对情况。

5.3.2　定点清淤船

1）装备

目前,国内外基槽清淤工程多属于浅水域施工,对深基槽清淤的工艺研究尚未成熟。在作业空间受限的情况下,基槽清淤施工显然不适合采用耙吸船;尤其是在临近已安装沉管钢封门前范围内,清淤具有相当高的施工安全风险,在对吸淤头平面定位及高程控制要求都非常高的情况下,只能选用精度控制高的定点清淤船。图 5-15 为定点清淤船"捷龙"轮。

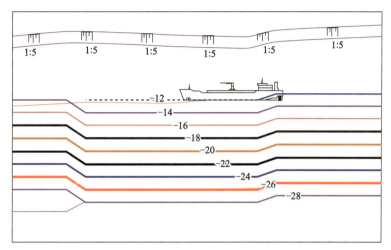

图 5-11 耙吸船边坡淤积物清除施工计划线布置示意图

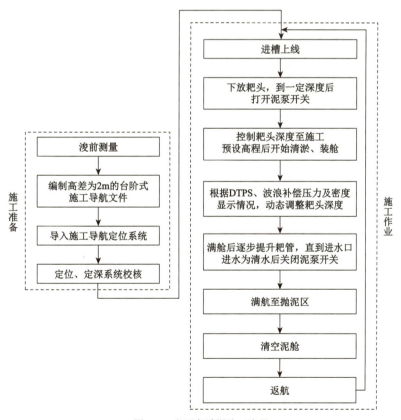

图 5-12 耙吸船清淤施工流程

111

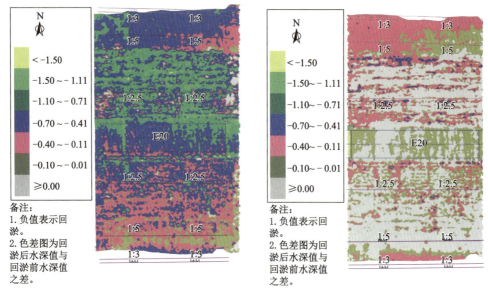

图 5-13　基槽边坡及槽中清淤前后色差比对图

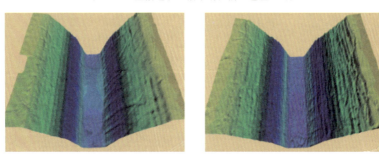

图 5-14　基槽边坡及槽中清淤前后三维效果比对图

图 5-15　定点清淤船"捷龙"轮

为满足沉管隧道高精度、高风险的施工要求,新开发了定点清淤船,其主要有以下创新:

(1)研发了用于多种工况使用的新型多功能清淤吸头装置(图5-16),创新性研发了利用恒压技术的清淤防损系统和触底保护装置,实现各基础工序前高精度清淤。

(2)研发了80m超长刚性桁架结构桥梁(图5-17),采用多吊点恒张力同步起升技术,具有刚度好、质量小的特点,满足外海基槽水深近50m清淤要求。

(3)开发了高精度吸淤头定位监控系统,采用水下压力传感器、双向角度传感器等设备,修正了80m长桥架变形对吸淤头定位精度的影响,实现了高精度定点清淤。

图 5-16 定点清淤船"捷龙"轮吸淤头结构示意图

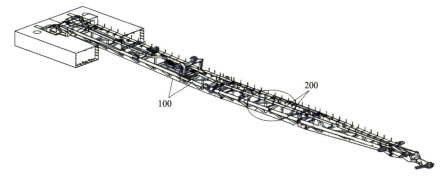

图 5-17 定点清淤船"捷龙"轮轻质刚性桁架结构桥梁示意图(尺寸单位:cm)

(4) 研发了"定点盖章"式精确清淤施工工艺和快速装驳系统,有效解决了槽底变坡度清淤施工难题。

为确保吸淤头下放过程中,最大程度避免对基槽槽底面造成撞击破坏,吸淤头与桥梁架的连接采用铰接结构,通过液压装置实现吸淤头的平稳收放。在施工过程中,利用安装在吸淤头上的触底感应装置,一旦吸淤头接触到基床,在操控室的触底感应装置即时亮灯,表明吸淤头已触底,无须继续下放。这样,既保障了清淤效果,又更好地保护了吸淤头和基床面。

2) 工艺流程

定点清淤主要涉及精挖前、抛石前、碎石基床铺设前等工序。

专用清淤船由锚艇辅助,垂直于基槽,顺流按"六锚定位"方式布锚,采用"定点盖章"式清淤施工工艺。清淤船定点清淤施工时,利用清淤监控系统的泥浆密度显示装置和水深测量装置进行清淤施工监测;当清淤点的浓度和水深达到设计要求后,通过收放锚缆移动船舶至下一个清淤点。完成单点清淤后,系统会记录清淤轨迹。操作人员可根据清淤覆盖情况进行局部加密补吸,如图 5-18 所示。

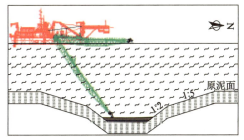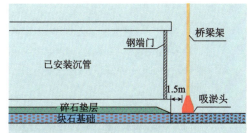

图 5-18 已安装沉管末端钢封门前局部区域定点清淤船定点清淤施工示意图

先铺法沉管隧道基床整平及清淤关键技术和装备

定点清淤施工前,工程人员将根据回淤物厚度和范围,拟定清淤遍数和点距,绘制定点清淤网格图(图5-19)。清淤覆盖次数则主要根据淤积物特性和厚度及检测结果而定,一般为 1~3 次,但如果原基槽底高差不平,对清淤效果影响较大,可能需要第 4 次甚至更多次。清淤点距通常取纵、横向方向 1.8~3.0m。清淤整体施工顺序呈"S"形布置。单点吸淤时间则主要根据淤积物厚度和泥浆密度计读数而定。考虑边坡淤泥回流影响,为有效清除坡脚处淤泥,将清淤范围适当扩大至南北侧边线以外 10~12m 范围。施工过程中,通过研发的精确清淤计算机测控系统的 GIS 电子图形系统,可实现电脑屏幕实时显示开挖深度,并自动生成开挖记录文件,对每一个定点清淤位置及完成深度进行记录,便于后期检测比对。清淤监控系统轨迹记录如图 5-20 所示。清淤施工中,专用清淤船通过长约 1000m 的排泥管线,采用过渡接头与水上管线相连实现装驳,将清淤泥浆通过排泥管线输送至锚泊的自航泥驳,满载后运至卸泥区抛卸。

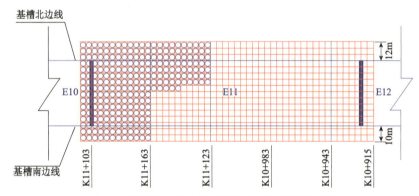

图 5-19　清淤船"定点盖章"式清淤施工导航网格示意图

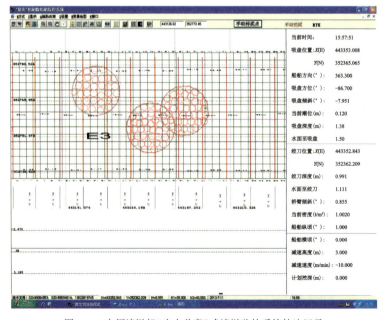

图 5-20　专用清淤船"定点盖章"式清淤监控系统轨迹记录

二片石顶面清淤时,由于二片石粒径小、质量小,清淤极可能将二片石清除,破坏已铺设的二片石层。因此,清淤时需在吸淤头底面设置加密格栅,实时调整吸淤头下方安装垫片的下放深度。

另外,将临近钢端门前约 20m 宽的范围设置为"施工警戒区","警戒区"内的清淤施工作业,安排在平或缓涨潮时段,且由经验丰富的船长或大副负责,双人双岗当班操作,项目主管领导应驻船值班。进入该"警戒区"作业前,结合潮流方向与附近地形及障碍物等条件,合理布设锚位,抛锚完成后复测锚位,如定位差距较大,将重新安排抛锚至指定位置。其他时段则移船至"非警戒区"施工作业。"施工警戒区"定点清淤船定点清淤施工布置图如图 5-21 所示。

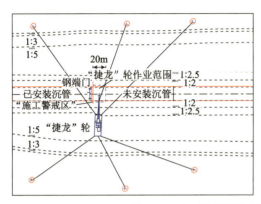 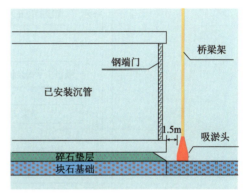

图 5-21 "施工警戒区"定点清淤船定点清淤施工布置图

专用清淤船清淤施工流程如图 5-22 所示。

5.3.3 专用清淤船

1)装备

对于碎石整平后的清淤,尤其是洪季和特殊情况发生时,能否高效、高质量地完成清淤,关系到沉管安装能否顺利实施。"青平 2"号原是水下抛石整平的专用工程船舶,经改造可搭载清淤系统,作业水深可在 45m 以内,如图 5-23 所示。

2)工艺流程

施工流程包括多波束扫测、潜水探摸、清淤专用船进场定位、清淤系统水下就位、基础清淤、清淤验收、清淤专用船撤场和基床验收。

(1)多波束扫测。

碎石垫层铺设共分四个船位,到第三船位完成时,对已铺设完成垫层采用多波束进行扫测,如发现异常高点,由潜水员进行水下探摸。

(2)潜水探摸。

根据扫测结果对异常高点处进行定点探摸,探摸确认为异物的,将异物清理出碎石垫层区域;探摸确认为淤泥的,确定回淤范围及回淤厚度,决定是否进行清淤。

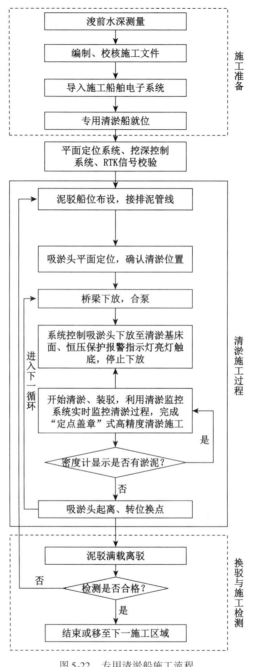

图 5-22 专用清淤船施工流程

（3）清淤专用船进场定位。

清淤船通过拖轮拖带进场驻位，采用锚系绞移和船带 GPS 的方式实现精确就位，一次驻位中心位于距离已经完成沉管 80m 处，两次驻位即可完成单个管节基础的清淤施工，如图 5-24 所示。

（4）清淤系统水下就位。

清淤系统采用水下定位框架，框架上设有淤泥扰动系统、清淤系统、压载水调节系统、测控系统、测量塔定位系统等。

①清淤系统对基床的压力和精确就位,是确保对碎石基床不扰动的保障,现有清淤系统的底部采用横梁的方式,减小对基床的压力。在就位前,清淤系统通过对框架内压排水方式,实现框架对基床的压力 $P<1.75\mathrm{kN/m^2}$(沉管对基床的压力)。

②清淤系统通过清淤船提升系统实现对框架的收放,清淤系统上设有双测量塔,利用位于测控塔顶的 GPS 实现清淤系统的纵向和横向调节,确保清淤系统准确就位,如图 5-25 所示。

图 5-23 "青平 2"号

图 5-24 清淤船驻位

图 5-25 清淤系统精确就位图

(5)基础清淤。

通过管理控制系统,慢慢将移动台车定位至需清淤垄沟和垄顶上方,下降螺旋刀头进入淤泥清淤,控制好平面位置和高程以及纵向坡度,移动台车沿基础轴线方向移动,开启螺旋刀头在台车前方清除表面淤泥,同时启动清淤吸泥泵在台车后侧清除垄沟内淤泥。碎石基础顶面和垄沟内的清淤一次性完成。专用清淤船"定点盖章"式清淤施工导航网格示意图如图 5-26 所示。

(6)清淤验收。

一次淤泥清除完成后($481.6\mathrm{m^2}$,$28\mathrm{m}\times17.2\mathrm{m}$),采用清淤船自带扫测方式和碎石垫层验收方式进行验收,合格后转入下一位置,如图 5-27 所示。

整节沉管基础范围内全部完成后,采用复测单波束声呐、潜水探摸等方式进行验收,确认清淤成果。利用声呐扫测垄顶和垄沟淤泥清除情况,合格后方可撤离清淤专用船。

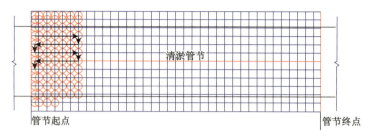

图5-26　专用清淤船"定点盖章"式清淤施工导航网格示意图

图5-27　清淤船实时验收检测系统

(7)清淤专用船撤场。

清淤完成后,利用拖带方式将清淤专用船撤离施工区域。

(8)基床验收。

利用多波束对清淤后的基床进行整体验收,满足要求后,进行沉管安装。

一个标准管节基础,整平船4次驻位共4个船位完成,清淤专用船2次驻位完成,其中整平机(28m×17.2m,长×宽),延宽度方向2次定位,顺长度方向9次定位,共18个循环。

船舶精确定位30min,整平机下水40min(水深35m),整平机姿态调整20min,清淤作业30min,碎石顶面验收20min,一次循环共140min。

18个循环共需42h。一般可在2d内完成一个管节的清淤作业。

5.3.4　特殊清淤装置

1)螺旋刀头和潜水泵组合

本方案采用中交第一航务工程局有限公司现有的"青平2"号整平船和成熟螺旋刀头疏浚相结合,能够快速清除碎石整平后的垄顶和垄沟淤泥,并具有对碎石顶面进行验收的功能。

此组合是一个已开发的系统,在多个工程中已有应用,十分可靠。螺旋刀头清淤原理为:当其旋转并向前移动时,疏浚物质会不断地被卷起并输送到护罩中心的泵入口,如图5-28、图5-29所示。

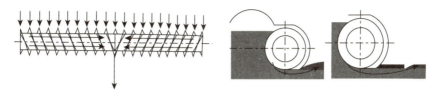

图 5-28　螺旋刀头内的混合输送过程示意图

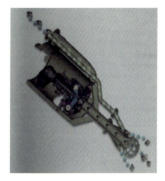

图 5-29　安装于螺旋刀头内的疏浚泵

螺旋刀头和潜水泵组合具有以下几项主要特点：

（1）此设计可用于实际操作，且已被全球的承包商证实是非常成功的，实用性高。

（2）可适用于液压和电力驱动。

（3）单泵输送距离可达 1000m。

（4）通过粒径可达 200mm。

（5）在限制污染物的再悬浮和迁徙上非常出色。

（6）去除泥沙的能力出色，一次可通过厚达 40cm 的泥层。

（7）拥有隔离不同程度污染的能力。

螺旋刀头和潜水泵组合固定在整平机行走台车的一侧，可以实现面积 28m×17.2m（长×宽）范围内顶面清淤；行走台车另一侧，安装专用清淤装置，实现碎石基床清淤，如图 5-30～图 5-32 所示。

（1）螺旋刀头和疏浚泵装在移动台车的前侧，共 3 套，负责清除表面淤泥，清淤厚度为 40cm（±5cm）。

（2）清淤吸泥泵放置在移动台车的后侧，共 7 套，入泥面 10cm，带射水功能，负责清除垄沟内的淤泥。

（3）所有垄沟清淤装置均在整平机框架内进行作业。

（4）一次可以清除碎石基础表面和垄沟内的淤泥。

（5）充分利用整平机的测控系统对碎石顶面进行高精度控制。

（6）充分利用整平机的测控系统对清淤进行验收。

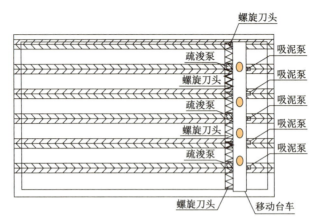

图 5-30 清淤装置示意图

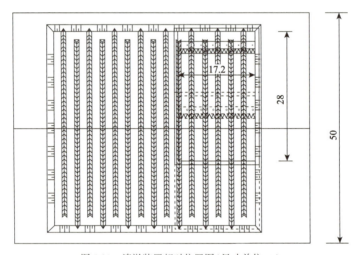

图 5-31 清淤装置相对位置图(尺寸单位:m)

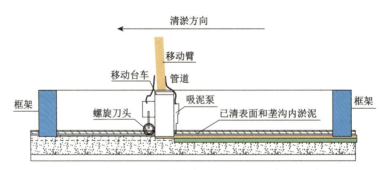

图 5-32 船位整平机框架内螺旋刀头和吸泥泵组合清淤示意图

2)柔性软管吸头装置

柔性软管吸头水下清淤装置分为垂直主管、过渡段、底部水平管、底部软管,设计方案如图 5-33～图 5-37 所示。

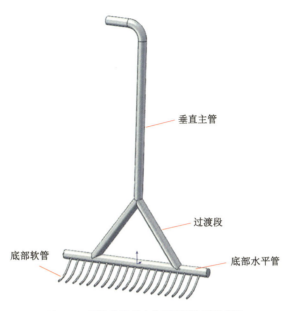

图 5-33　柔性软管吸头水下清淤装置示意图

图 5-34　柔性软管吸头水下清淤装置图

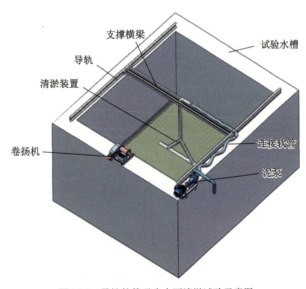

图 5-35　柔性软管吸头水下清淤试验示意图

3）专用吸盘装置

整平船增加了一个由刚性桥梁连接的专用吸盘（图 5-38、图 5-39），通过行车控制桁架与吸盘的升降与水平移动，吸盘沿着碎石基床的垄顶中轴线南北向移动清淤。为尽量降低对碎石的吸力，碎石垄顶上的主吸口为水平方向；另外两个辅助吸口垂直悬空于垄沟上方。

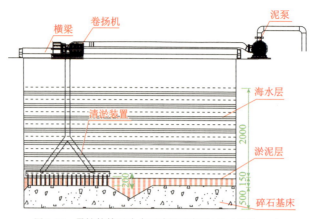

图 5-36　柔性软管吸头水下清淤示意图(尺寸单位:cm)

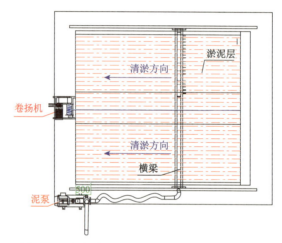

图 5-37　柔性软管吸头水下清淤示意图(尺寸单位:cm)

图 5-38　增设高精度清淤功能的整平船　　图 5-39　碎石整平船专用吸盘

碎石基床铺设完成后,易受到异常大潮差等综合因素的影响,碎石基床面上出现较大回淤,淤积物将对沉管安装产生最直接而敏感的影响,因此需要进行清淤。主要采用经改造升级后的整平船进行清淤,施工步骤如下:

(1)选择气象水文条件合适的时机进行拖航。整平船拖航时,桩腿最低点与平台底部基线平齐,采用吊拖为主、傍拖为辅的方式进行拖航。

(2) 清淤桁架固定于抛石管南侧(靠近船尾侧)5.4m处,清淤时船位较整平时船位整体往北移5.4m,如图5-40所示。采用对角压载方法将整平船抬升至施工高度。

(3) 清淤桁架通过引用抛石管平面系统数据实现平面定位。上部额外安装一台GPS实现高程控制。

(4) 下放清淤桁架至碎石垄顶上方4cm。清淤头高程通过类似抛石管液压高程控制系统控制,避免清淤时破坏碎石基床,如图5-41和图5-42所示。

(5) 清淤桁架下部设置3个吸头,中间吸头清理垄顶回淤物,两侧吸头间距2.85m,清理垄沟中回淤物。清淤吸头两侧设置喷水装置,用于将回淤物冲散。清淤完成后、拔桩前,需检测是否存在未清理区域。

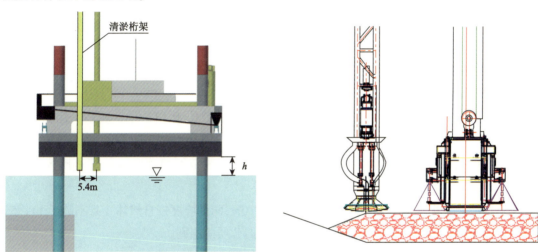

图5-40 清淤桁架位置示意图　　图5-41 清淤施工示意图(一)

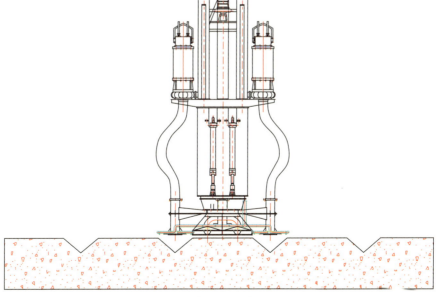

图5-42 清淤施工示意图(二)

5.4 减淤措施

5.4.1 概述

根据工程清淤要求,为了彻底把淤泥和基床隔绝,避免清淤时破坏已整平好的基床,提出了很多减淤和防淤的方法,其中包括设置截淤堤坝、防淤屏、截沙槽、长潜堤,定点吸泥,以及扰动法、帷幕法、覆盖法等。

5.4.2 修建截淤堤坝

为减少隧道基槽内底部浮泥沿轴线方向(东西向)的流动,避免对待沉放管节基床造成不利影响,可以在隧道基槽内采取横向截淤措施,即修建截淤堤坝。

截淤堤坝修建在待沉放管节的前两个管节处,即沉放 E15 管节时,截淤堤坝修建在 E13 管节位置。下面以 E15 管节的截淤堤坝为例做简要介绍。

(1)在 E15 管节西侧设置水下横向截淤堤坝,堤坝轴线位于 E13 管节与 E14 管节接头西侧 56m。

(2)横向截淤堤坝布置如图 5-43 所示,位于原设计管节回填顶面与开挖基槽坡面之间区域。

(3)横向截淤堤坝顶宽 1.0m,高于管顶回填 2.0m,两侧坡度按自然休止且不陡于 1:1.5。

(4)回填施工过程中应遵循管节左右两侧对称、分层的原则。

(5)回填料同一般回填的碎石要求相同,选用粒径 5~80mm 的碎石。

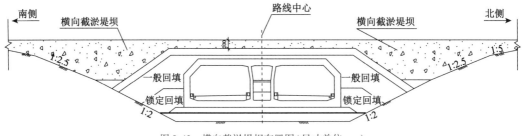

图 5-43 横向截淤堤坝布置图(尺寸单位:cm)

5.4.3 设置防淤屏

E33 管节位于东人工岛岛头处,从碎石基床铺设到沉管安放,时间长达 45d,受两侧导流堤的影响,水流较弱,淤积较大,单纯用常规的减淤措施无法满足设计要求。为此,在 E33 管节中首次采用防淤屏,以减少进沙量和淤积厚度(图 5-44)。具体做法是:在两侧导流堤堤头连线,通过绳网、聚苯乙烯泡沫组成的浮体、土工布组成的裙体和不同直径链条组成的裙体下方的配重,形成一道屏障拦截泥沙进入掩护区内。

图 5-44　防淤屏安装及平面布置图

1) 防淤屏试验研究

2016 年 7 月 15—29 日,在东人工岛 E33 管节处进行了防淤屏防淤试验研究,在此期间,进行了同步的水流、含沙量、回淤盒及多波束水深测量等多项观测工作(图 5-45)。

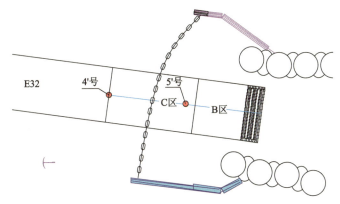

图 5-45　水流、含沙量观测站位布置图

2) 防淤屏试验结果

对现场防淤屏减淤试验数据进行分析,结果如下:

(1) 回淤盒:增加防淤屏后,E33 基槽内回淤强度减小明显,是原来回淤强度的 50% ~60%。

(2) 多波束数据:增加防淤屏后,E33 基槽内回淤强度减小明显,是原来回淤强度的 45% 左右。

(3) 浊度:防淤屏内外两侧浊度差别较为明显,内侧浊度约为外侧的 78%(含沙量 62%)。

现场试验和观测结果表明,设置防淤屏后回淤强度明显降低,防淤屏减淤量达到 50%,效果明显,达到了预期目标。

表 5-2 为 E33 管节碎石基床人工整平期间的实际淤积情况,其中最大日淤积厚度为 0.87cm,平均日淤积厚度为 0.4cm。回淤盒、多波束和水下探摸等多种测量手段都显示,E33 碎石基床的实际淤积厚度基本控制在设计要求范围以内,表明实施的防淤屏减淤措施是成功的。

E33 基槽(B 区)回淤盒淤积厚度统计表　　　　表 5-2

基槽内沉积时间	9月19日—22日 总72h	9月19日—25日 总139h	9月19日—10月3日 总330h	9月25日—10月5日 总236h
回淤盒淤积总厚度(cm)	2.6(3d)	3.1(6d)	5.0(14d)	2.4(10d)
每天回淤厚度(cm)	0.87	0.54	0.36	0.24
总平均	0.40cm/d			

5.4.4 覆盖法

覆盖法施工方案,就是将制作好的钢盖板覆盖在已整平好的基床上,使淤泥落在保护盖板上,沉管安装前,把保护盖板和淤泥一起吊走,实现了淤泥和基床的彻底隔绝,保护了基床的完整性。在每段基床整平完成后,及时对已整平好的基床进行全面覆盖,防止淤泥、砂等沉积物落在基床上,整平一个船位覆盖一个船位。沉管安装前,将盖板依次吊出水面,并排水浮在水面上,把淤泥清除到泥驳中。然后,把盖板拖到临时存放水域存放,等待下次循环使用。

下面以覆盖法为防淤方案进行详细介绍。根据基床整平的分段长度,盖板平面尺寸暂定 41m×24.3m,共制作 7 块,如图 5-46 和图 5-47 所示。盖板纵梁和横梁均为钢结构箱体结构,纵梁间设多个联系梁,整个框架下面设纵横联系撑,之上设钢板铺面,在钢板铺面上设 4.925m×5.875m 的箱体结构,里面放帆布制作的兜套,用来盛放淤泥。施工时,用专用起重船使盖板下放到位,横梁坐落在沉管底宽之外的基床上,保证不破坏沉管范围内的基床,横梁和联系梁离基床 10cm,高于基床,对基床不造成破坏。

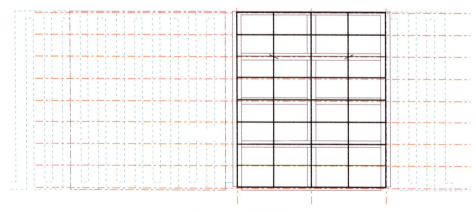

图 5-46　盖板平面图

盖板制作完成后,在指定区域锚泊存放,待第一段基床整平完成后,由拖轮绑拖至施工现场,并进入现场已定位好的专用起重船吊钩下面,挂上盖板上的 4 个吊点,然后打开箱体上的灌水阀门向箱体内灌水,使框架在水下的质量达到 100t 左右时停止灌水,利用安装船上的 4

台卷扬机下放盖板,船上 GPS 控制位置,卷扬机控制盖板下降速度,直至盖板落在基床上,完成盖板的安装。下个船位用同样的方法安装,如图 5-48 所示。

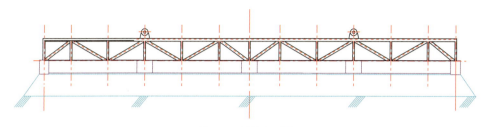

图 5-47 盖板立面图

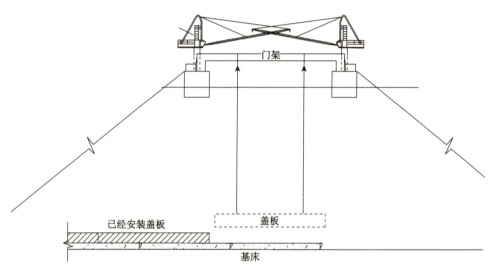

图 5-48 盖板安装示意图

基床全部整平完成,并具备安装条件前 2d,开始将盖板起浮,起浮与安装工序相反:专用起重船现场定位,起重人员挂钩,通过收紧缆绳将盖板提升至水面,排出箱体内的水,使盖板浮在水面上,然后,用安装船上的起重机把帆布兜内的淤泥吊到泥驳内,卸完泥后把盖板拖到存放区临时存放,下次使用时再拖到现场。泥驳内的淤泥积满后,拖至抛泥区抛卸,如图 5-49、图 5-50 所示。

碎石基床表面的淤泥,采用专用清淤泵清除,该泵喷嘴为切向布置,形成水平向涡流后能避免扰动基床。采用专用清淤泵清淤方案,可能对基床造成破坏,清淤的效果也不能保证完全清淤干净,施工过程中也可能会有异物掉到基床上。采用盖板覆盖防淤方案,可以对基床进行全覆盖,实现淤泥和基床的完全隔离,保证了基床的质量;施工过程中掉到基床上的异物直接落到盖板上,保证了基床上无异物的出现;由于是全覆盖防淤,基床整平作业可提前进行,加快施工进度;并且,对基床不造成任何破坏,保证了基床的完整性。

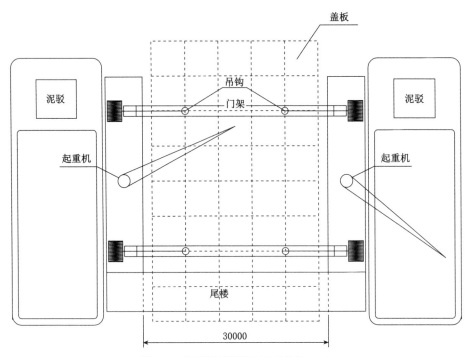

图 5-49 卸泥平面示意图(尺寸单位:mm)

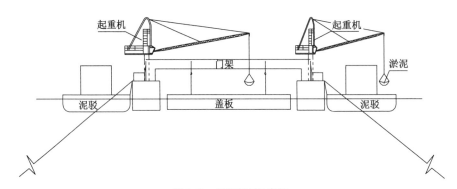

图 5-50 卸泥断面示意图

参 考 文 献

[1] 中交港珠澳大桥岛隧工程项目总经理部.港珠澳大桥岛隧工程施工技术[M].北京:科学出版社,2021.

[2] 吴凤亮,彭晓鹏,杨永宏,等.港珠澳大桥岛隧工程施工专用装备[M].北京:科学出版社,2021.

[3] MACPHERSON H. The attenuation of water wave over a non-rigid bed[J]. Journal of Fluid Mechanics,1980,97(4):721-742.

[4] MAA P Y,MEHTA A J. Soft mud properties: the Voigt model[J]. Journal of Waterway, Port, Coastal and Oceanal Engineering,1988, 144(6): 765-769.

[5] 辛文杰,贾雨少,何杰.港珠澳大桥沉管隧道试挖槽回淤特征分析[J].水利水运工程学报, 2012(2):71-78.

[6] 曹慧江,肖烈兵.港珠澳大桥岛隧工程沉管基槽开挖回淤强度研究[J].水运工程,2012(1):12-17.

[7] HE J, ZHAO X S. Study on silting characteristics of the trial dredged trough for immersed tube tunnel[C]//KIM Y H. 5th International Conference on Civil Engineering and Transportation. Paris:Atlantis Press,2016:771-775.

[8] 杨华,王汝凯,韩西军,等.港珠澳大桥沉管隧道基槽泥沙回淤研究总述及创新实践[J]. 水道港口, 2018, 39(2): 125-132.

[9] FAAS R W. Time and density-dependent properties of fluid mud suspensions, NE brazilian continental shelf[J]. Geo-Marine Letters, 1984, 4(3-4):147-152.

[10] MEI C C, LIU K F. A Bingham-plastic model for a muddy seabed under long waves[J]. Journal of Geophysical Research, 1987, 92(C13):14581-14594.

[11] FAAS R W, WELLS J T. Rheological control of fine-sediment suspension, Cape Lookout Bight, North Carolina[J]. Journal of Coastal Research, 1990, 6(3):503-515.

[12] FAAS R W. Rheological boundaries of mud: where are the limits? [J]. Geo-Marine Letters, 1991, 11(3-4):143-146.

[13] 呼和敖德,黄振华,张袁备,等.连云港淤泥流变特性研究[J].力学与实践,1994, 16(1):21-25.

[14] 张庆河,王殿志,赵子丹.扰动淤泥与沉积淤泥的流变特性研究[J].水利学报, 2002(6):77-82.

[15] REED A H, FAAS R W, ALLISON M A, et al. Characterization of a mud deposit offshore of the Patos Lagoon, southern Brazil[J]. Continental Shelf Research, 2009, 29(3):597-608.

[16] FAAS R W, REED A H. Comparative analysis of two techniques for determining the rheological properties of fluid mud suspensions[J]. Marine Georesources and Geotechnology, 2010, 28(4):345-362.

[17] LIU C R, WU B, HUHE A D. A Bingham-plastic model for fluid mud transport under waves and currents[J]. China Ocean Engineering, 2014, 28(2):227-238.

[18] GAUDIO P D, VENTURA G. Flow behavior of clay-silt to sand-silt water-rich suspensions at low to high shear rates: implications for slurries, transitional flows, and submarine debris-flows[J]. Acta Geologica Sinica(English Edition), 2018, 92(06):2395-2404.

[19] 张瑞波, 庞启秀. 淤泥流变特性试验影响因素研究[J]. 水道港口, 2019, 40(2):158-162.

[20] 杨光煦. 压载挤淤研究[J]. 岩土工程学报, 1992, 14(2):72-76.

[21] 汪洪星, 杨春和, 陈锋, 等. 大高度堆载挤淤深度分析[J]. 武汉理工大学学报, 2014, 36(3):121-127.

[22] WEI G, QIU H J, WANG D D. Study of sedimentation speed and compression characteristics of back-silting soil from undersea immersed tube tunnels[J]. Applied Mechanics and Materials, 2014, 501-504:132-136.

[23] 魏纲, 王栋迪, 邢建见, 等. 海底沉管隧道基础层压缩特性模型试验研究[J]. 岩石力学与工程学报, 2015, 34(S1):2732-2739.